三行で撃つ

〈善く、生きる〉ための文章塾

近藤康太郎

CCCメディアハウス

カバー画：
ベン・シャーン「リルケ『マルテの手記』より
一行の詩のためには…(22)《一篇の詩の最初の言葉》」1968年（神奈川県立近代美術館蔵）

[SHAHN BEN +1969, The First Word of Verse Arises, 1968
(The Museum of Modern Art, Kamakura & Hayama)]

三行で撃つ

〈善く、生きる〉ための文章塾

一行の詩のためには、
あまたの都市、あまたの人々、
あまたの書物を見なければならぬ。
あまたの禽獣を知らねばならぬ。
空飛ぶ鳥の翼を感じなければならぬし、
朝開く小さな草花のうなだれた羞らいを究めねばならぬ。

——リルケ『マルテの手記』

はじめに

ちょっとうまく書けたら、と思う人へ

文章の書き方、その実用書を書くことにしました。

生きるとは、文章を書くことです。社内稟議に回す企画書や外部に出す宣伝文、学生さんなら論文やリポート、ブログにツイッターにインスタグラム、はてはメールにLINE、時候の挨拶のお手紙と、文章を書く機会はたくさんあります。そこで、「あの人の文章は、ちょっといい」「彼女/彼はうまいよ」と言われるようなレベル、目指すのはそこです。すぐ役立つ、だれでもできる、安くてよく効くテクニックを、20発、発射しています。〝隠し弾〟はありません、知っていることは全部、書きました。残りの5発は、まあ、おまけみたいなものです。

わたしはまず新聞記者として、その後、評論家、作家としても、文章を書くことで生きてきました。三十年以上になります。書籍、新聞、雑誌、ネット、それにCDの解説や映画パンフレットと、多くのメディアに文章を書いてきました。「馬に喰わせるほど書く」という常套句がありますが、その部類でしょうね。

メールを含め、朝から晩まで大量の文章を書き続け、読者のお陰さまで、いまも仕事の発注をいただき、山奥に引っ込んでもなんとか生きております。

七年前に気がふれて、生まれ故郷の東京を捨て、九州のど田舎山奥で百姓・猟師をしながら、ライター生活を続けているんです。移住する前、東京からの仕事の発注は激減すると覚悟はしていたんですが、なくなるどころか、年々増えている。

山奥では、私塾のようなこともしています。プロの新聞記者やカメラマン、フリーライターの若者が集う場所を提供していて、宴会の延長なんですが、そこで文章の書き方を教えています。

ライター志望者を教えるのは、じつは二十年以上前からで、十人近くフリーライターを育てた、と言うとおこがましいですが、独り立ちのお手伝いをしてきました。なかには売れっ子ライターになった人もいます。まったくど素人の学生さんを三人、フリーライターにしました。

だから、「文章の書き方を、易しく解説してくれ」と、この本の編集Lilyから申し出を受けたときに、身の程知らずにも引き受けることにしたんです。谷崎潤一郎のような『文章読本』を書けるわけがない。ただ、雑誌や新聞やネットで、原稿の受け手である編集者から「このライターは、まあまあ書けるよ」と認められるくらいの文章術は、教えられる。実績がある。その技術は、社内の会議にかける企画書、社外へ出すリリース文を書くにも、必要にして十分過ぎるレベルでしょう。学生のリポートは、いわずもがなです。

ハートを撃つための25発

25発としたのは、散弾銃の弾丸にたとえたものです。

わたしは鉄砲撃ちの猟師でもあります。猪や鹿、鴨を狙って、山奥や川べりや干拓地を、顔中、傷だらけになりながら走り回っています。

ところで、鴨を一羽獲るのに、初心者なら25発かかると、猟師のあいだでは言われます。散弾銃の弾は25発入りのケースに入っていて、片手に持つと、一瞬、手が沈みこむほど重い。そのケースをからにして、やっと一羽、獲れるか、どうか。鉄砲を撃つのは、難しいんです。

文章を書くのもそれぐらい、いや、それ以上に難しい。獲物（読者）のいる場所を探しあて、五感を使って観察し、すべるように近づき、リズム感とスピード感をもって発射し、射抜く。結論に導く。ラクにしてあげる……。

また始まっちゃいましたが、わたしの文章術は、猟のたとえが多いです。発射とか弾丸とか獲物とか、物騒なワードを使って説明する。

それは、猟と、文章を書くことが、とてもよく似ているからなんです。

前述したように、猟も、文章も、とてつもなく難しい。五感を使う、肉体的な作業です。

そして、猟果は、ほとんど放心するようなしろものです。わたしたちが生きるために命を捧げてくれた、毛並みの立派な、輝くような鴨。鹿。それを、手で抱き上げたときの敬虔な気持ち、畏怖のような感情は、なににたとえようもありません。

同様に、自分の書いた文章に、泣いてくれた、笑ってくれた、そんな感想をもらうと、正座して深々頭を下げたくなるほど、感謝の気持ちで満たされます。「読んだよ」という、ただそれだけの反応でも、粛然とする。自分が、自分でなくなったように感じる。自分で、自分を許せる。自分を、承認できる。

猟も、文章も、どちらも、〈生〉に直結しているからです。〈命〉に関わることだからです。文章を書くとは、考えること。文章を書くということは、すなわち生きることだからです。

ライターとは、生きる人のことです。

本書の読み方

第1～20発まで、本文は「ホップ」と「ステップ」に分かれています。それぞれ、基礎編、応用編といった意味合いです。

第21～25発は「ジャンプ」、つまり展開編です。プロ仕様です。

25発は独立していて、どこから読み始めてもいいようになっています。「文章を書くなんて学校の作文以来」というような読者は、さきに「ホップ」だけ読んでしまうのも「あり」でしょう。

作者としておすすめは、やはり前から順に読んでいくことでしょうか。文中にもありますが、グルーヴ感という、文章を書くうえできわめてたいせつな感覚を、実感してもらえると思うからです。

文章術の実用書、と書きました。自分で言うのもなんですが、実用書なのに、途中からおかしなことを書き始めています。実用的でも即効的でも、現実的でさえもないこと、うわごとのようなことを書き始める。

グルーヴが出てきたからです。

波が高まり、風が吹く。その波、風に、作者が乗っている。創造の女神が現れた。作者に、まじない（mojo）をかけている。

つまり、いっちゃってる。


わたしが書いたのではない。言葉によって、書かされた。

結果として、そういう本になったようです。今回も、また。

三行で撃つ ⊕ 目次

第3章 ライターの心得

第4章 書くための四つの道具

第5章 読ませるための3感

第6章 自己管理の技術

第7章
生まれたからには生きてみる

第1章

文章の基本

第1発

三行で撃つ

——書き出しを外すと、次はない。

ホップ

文豪は浮気させない

一発外すと、次はない。

鹿や猪、鴨を追っている猟師は、それが体で分かっています。自動式銃だと三発は連続して撃てるのですが、最初の弾を外すと、次はまず、ないですね。山に、空に、獲物は逃げていく。

文章と似ています。最初の一文、長くても三行くらいでしょうか、そこで心を撃たないと、浮気な読者は逃げていきます。続きなど読んでくれない。

吾輩は猫である。名前はまだ無い。（夏目漱石）
国境の長いトンネルを抜けると雪国であった。（川端康成）
木曽路はすべて山の中である。（島崎藤村）

文豪たちも出だしはとても苦労していて、だからこそ、ここにあげたような、歴史的な書き出しが生まれています。

ただ、小説の書き出しというのは、じつはとろいんです。なぜなら、「小説を読もう」という人は、最初から、「小説を読もうとしている」。その作者が好きであったり、新聞やテレビで評判を聞き、わざわざ買ったりして、ページを開いている。

ところが、われわれの書くものは、そうじゃないときている。コインランドリーで時間をつぶすあいだ、美容室や病院の待合室、順番待ちの銀行の窓口で、ふとした拍子に手にとる雑誌や新聞に書いている、哀れな文章です。その、書き出しの一文で引きつけられなければ、〝獲物〟は逃げます。

ライターとはだれのことか

ここで「われわれ」とはだれか、はっきりさせておきましょう。もちろん、読者と、わたしです。プロのライター、及びプロのライターになりたい人。

　では本書で定義するプロのライターとはなにかというと、フリーランスのジャーナリストやコラムニスト、エッセイスト、新聞社や雑誌社の社員記者、コピーライター、企業の広報、わずかでもカネをもらっているなら、ブロガーやインスタグラマーもそうでしょうね。

　ただし、この本の想定読者には、「プロのライターになるつもりはないけれど、プロのライターみたいに書けたらいいなと思う人」も含みます。学生さんも入ります。そういう人を含めて「わたしたちは」とか、「ライターは」とか書いていきます。

　なぜかというと、ライターの仕事とは、文章を書くということは、〈生きること〉にほかならないからです。おいおい、説明します。

　余談ですが、英語で「writer」とは、日本語の「作家」を意味します。わたしが、この本ではなく、ふだんの文章で「ライター」と書くときは、シンプルに、そういう意味合いで使っています。作家。偉そうだし、怖そうだけど、まあ、狙うのは高い目標がいいですよ。

山奥の文章塾

わたしは東京・渋谷の生まれ育ちで、仕事場もずっと東京、三年だけニューヨークにいました。二〇一四年に気が狂って、縁もゆかりもない、知り合いも一人もいない、長崎県諫早市という日本の西端に移り住みました。そこで百姓になり、さらに二〇一七年には大分県日田市という山奥に移り、猟師になりました。その辺の経緯は前著『おいしい資本主義』や『アロハで猟師、はじめました』（共に河出書房新社）に書きましたので、興味のある方は立ち読みでもしていただくとして、日田に移ってしばらくすると、妙なことが起き始めました。

日田に住む若者たち、新聞社の記者やテレビ局のカメラマンが、わたしの家に頻繁に出入りし始めたのです。野良猫だって、家の庭先を通れば、えさをやる優しいわたしです。集まってくる若者たちを、無碍《むげ》に追い出すわけにもいきません。まあ、年長ですから、飯をおごったり、酒を飲ませたりしていたのです。

ところが、彼らがなかなか帰らない。デザートを出し、コーヒーを出しても帰らない。ひどいときには、こうした宴会が午後六時に始まって、翌朝六時まで続いたときもあります。しかし、わたしも追い出す気になれなかった。なぜかといえば、わたしたちがずっと、「仕事の話」をしていたからです。文章の話。映像の話。つまりは「表現の話」をしていたからです。

最初のころのわたしの口癖は「おれたちはプロのライター、表現者なんだ」「文章でおまんまを食ってるんだ」というものだったようです。大学を出たばかり、二十歳そこそこの若者も多くいました。自分を「プロの書き手」「表現者」と自覚していなかったらしいのです。会社の上司や先輩にも、そんなことを言われたことがない。

表現者というのは、画家や小説家やミュージシャンだけではないんです。職人さんだろうと公務員だろうとサラリーマンだろうと、仕事とは、結句、表現ですよね。商品や技術やサービスを売る。自分のことを、表現する。労働の本質は、そこです。

本書を手にしているような人は、たとえ業種がなんであれ、「自分を表現したい」と思っている人のはずです。それも文章によって。

敏腕司法記者の書き出し

さて、家に集まる若者たちは、毎日のようにわたしの家で文章の話をし、原稿を見せあい、課題図書を読み、切磋琢磨《せっさたくま》して勉強する仲になりました。だれともなく「近藤塾」と呼び、自分たちを「塾生」と称するようになりました。

塾もだんだん規模が大きくなっていき、うわさを聞きつけ、他県から若い記者が集まることもありました。わたし一人で話すのも気恥ずかしいので、信頼するに足る友人を招き、ゲストとして話をしてもらうことがあります。

そのうちの一人Y氏は、全国紙の社会部で敏腕司法記者としてならした人でした。事件記者として優秀だっただけでなく、司法制度に関する著作もある学究肌の本格派です。

司法記者にとって、最高裁長官が就任したときの人物紹介は、たいへん大きな仕事です。人となりを読者にお知らせする軽いコラムですが、なにしろ堅い官庁ですから、そんなにくだけたことは書けない。

Y氏に教材として持参してもらった資料は、長官就任記事の、歴代の司法担当記者による書き出しでした。新聞記者の中でも〝エリート〟と目される人たちによる文章です。以下、掲げます。

① 最高裁の人事部門など司法行政の中枢を歩み、長く「最高裁長官候補の大本命」と目されてきた。

②　裁判官になって40年。
③　最高裁判事を経ないでの長官就任は48年ぶり。
④　温厚な性格からは想像できない厳しい碁を打つ、とは碁敵たちの一致した評。
⑤　寝ているのかと思った。
⑥　最高裁判事になったのは8カ月前だった。
⑦　68歳と8日。歴代3番目に高齢の最高裁長官の誕生だ。
⑧　事務総長として司法行政の実務を束ねた最高裁に、1年9カ月ぶりに帰ってきた。

さて、このなかで、Y氏の書いた書き出しは、いくつあるか。そして、何番でしょうか。読者もちょっと考えてみてください。

そのときは現役新聞記者やカメラマンら十数人がいたのですが、正解したのはたった一人でした。正答は、一つで、⑤です。

⑤を外した塾生がいなかったのはさすがですが、正答は二つある（④と⑤）とした者が多かったですね。

④も、悪くはないのでしょうが、「碁敵たちの一致した評」という、体言止めが気になります。体言止めをすべて排する必要はないですが、一文目が体言止めというのは、よほどの確信、狙いがなければ、禁じ手です。あえて体言止めにする効果——

狙ったリズム感だとか、異化作用だとか――を、自分で自分に説明できなければいけない。第4発で詳しく書いていますが、冒頭体言止めは「としたもんだ表現」の典型です。それに、文章が長い。スピード感に欠ける（第16発）。

①、②、⑧については、そんな情報はわざわざ一行目にもってこないで、文章の中ほどでやってくれよという「凡庸出だし」。③、⑥、⑦は、もしその数詞が、全体の文中で鍵となるデータなら、ありかもしれません。しかし、それにしても、いかにも化粧っ気のない、サービス不足の一発といわざるを得ない。

ノイジーな世界を黙らせる

文章は三行で撃て。

電車の中で、前後左右を見てください。全員、スマートフォンの画面をのぞき込んでいます。ＳＮＳなのかゲームなのか。本を読んでいる人なんか、いやしません。本を読む、文章を読む。その運動の最大の特徴は、「落ち着き」ということです。人を落ち着かせる。心を鎮めさせる。立ち止まって、考えさせる。

でも、みんなは、心を鎮めたくないし、考えたくないんです。逆説めきますが、落ち着くのは、めんどうなことなんです。わが人生が、虚しく思えてきますから。

しかしここで重要なのは、わたしたちがものを書こうとする相手は、やはり、その人たちなんです。いつも心にさざ波が立っていて、落ち着きがなく、ものなんか考えたくもない。そういう人に向かって文章を書いている。書き手は、そこを忘れてはいけない。謙虚でなければならない。わたしたちは、読書エリートに向けて文章を書いているのではない。

であるならば、三行以内で撃ってくれ。驚かせ、のけぞらせてくれ。いい、悪いではない。いま、文章を書く人の書き出しは、そうあらざるを得ないんです。

最初に、銃を見せてくれ。

ステップ

読者はあなたに興味がない

〈世の中は、わからん人が多く、たまらん話にあふれている。〉
〈白状しよう。びびっていたのである。会う前までは。〉
〈安室―ひばり＝平成〉

自分の書いた新聞記事の書き出しだ。新聞記事としては、変わった書き出しだろう。一例目は裁判記事。二例目は全米最大の暴走族ヘルズ・エンジェルズの元リーダーに会ったときのルポ。三例目は平成を音楽で振り返る回顧コラムだった。

これこそ目指すべき文章だと誇っているのではない。ややアクロバティックで、読む人にとっては、鼻白むものだろう。わたしも、新聞でなく、長めの文章を書けるメディアであれば、もう少し落ち着いた書き出しにする。

自慢ではなく、一行目はのけぞらせろ、ということを書いている。

本書の読者は、アマチュアの人、プロのライターになりたい人、プロのライターではあるがもっと文章の精度を高めていきたい人だろう。その前提に立てば、こう言える。

読者は、あなたに興味がない。

読者にとって、あなたの書こうとするテーマは、どうでもいい。

冷厳な現実だ。しかしこの現実を認めるところからしか、始まらない。読者はわたしに興味がない。わたしが書こうとしていること（裁判やアメリカや音楽）にも、なんの興味もない。

それどころではない。平和や民主主義、子供の虐待や貧困、経済格差、地球温暖化にも、読者は興味がない。そういう前提で一行目を書けと言っている。

裁判にも、アメリカ社会にも、音楽にも、なんの興味もない読者が、コーヒーを飲もうとした拍子にふと目についた、読むつもりのなかった新聞や雑誌や本のページ。そこに書く一行目だ。

振り向かせたい——文豪ではないわたしたちの一行目

野球の配球で言えば、一球目に、ビーンボールすれすれの、胸元をつくストレートを投げ込んでいる。捨て球だから、ボールでいい。カウントをあえて、悪くする。

バッター（読者）は、のけぞるだろう。ムッとしてこちらをにらみつける打者もいる。そんな配球は慣れているぞと、冷静にバッターボックスを外して次の球を読んでいる老練なバッターもいる。

しかし重要なことは、こちらが、なにかしら、ものすごい熱量で言いたいことがある、そのことだけは、分かってもらえる。なんとかして振り向かせたい。読んでもらいたい。文章の大家でもなく、有名でもないわたしたちの一行目は、そうした哀切な叫びであるべきだ。

またこの一球目が、単なる捨て球であってはならない。意味のある捨て球、全体の配球のなかで、三振をとる鍵となる一球になっていなければならない。

〈世の中は、わからん人が多く、たまらん話にあふれている〉と一球目を放ったならば、この裁判傍聴記のキー概念が、人間と世界の「分からなさ」でなければならない。そのことを主要テーマとする裁判記でなければ、意味がない。

捨て球とは、いわば伏線だ。伏線は、回収しなければならない。書き出しの一文の意味が、全体を読んだ後には、分かる。意味のある捨て球だったことが、明示される。

ロシアの小説家チェーホフは「物語の中に銃が出てきた以上、それは発射されなければならない」と言う。

書き出しの、のけぞらせる一行目は、「銃」である。

しかし、それはまだ、発射されていない銃だ。そこにあることは、分かっている。読者は、銃を見て、ぎょっとしている。弾丸が入っているのかどうか、おそるおそる、しかし好奇心には勝てず、二文目、三文目と読み進めている。うまくいけば、最後まで読んでくれる。

そうして引き込まれた文章の、最後まで読んで、銃がどこかに消えてしまったら、どうか。一発の弾丸も発射されることがなかったとしたら。

「なあんだ」

しらけた。文章全体が、けれん味だけの、嫌みな文章になる。これは、最悪だ。

読者を、のけぞらせたままにしてはいけない。のけぞらせた一球目に意味があった。

そういう配球で、三振にとらなければならない。

銃が出てきた以上、それは発射されなければならないのだ。

第2発

うまい文章

――うまくなりたいというけれど。

ホップ

「うまい」とはなにか

うまい文章とはなにか。

うまい文章を定義するのは、とても難しいですね。答えることが難しい質問とは、たいてい、問いが間違っているんです（「幸せとはなにか？」「自分はなぜ生まれてきたのか？」「ほんとうの愛とはなにか？」等々）。

そういうときは、問いを変えるとうまくいきます。ここでは、冒頭の問いを分節してみます。

「うまい」とはなにか。

「文章」とはなにか。

「うまい」とはなんでしょうか。初心者向けのホップでは、もう、投げやり気味に簡単に結論を出してしまいます。

うまいとは、分かりやすいことである。

分かりやすいとは、書き手のいいたいことが、誤解されずに読者に伝わること、とでもしておきましょう。

ここでは、その逆、分かりにくい文章の傑作をひとつ掲げます。会社の会合で、幹事からこんなメールが来たらどうでしょうね。

「あ、すみません。時間に関しては前々回の訂正の部分がやっぱり正解で、日にちについてはその次の連絡が正しい日時です」

「あ、すみません、やっぱり間違っていて直近の訂正が正解ということがわかりました。ただし、皆様に送ったメールに時間差があり、前回分と前々回分というのが人によって異なる可能性があるのでご注意ください。一斉送信したのですが、あとから決まったメンバーの分は後から送りましたので、その人にとってそれは初回です」

（町田康『人生パンク道場』）

大笑いです。ここまで分かりにくいと、芸術ですね。「わたしは宴会の幹事など、よく雑事を押しつけられる。どうしたらいいでしょう？」という読者の悩み相談に、言葉の魔術師・町田さんが大まじめに答えている文章です。使えない幹事を演じて撃退しろ。発想といい、文章といい、最高です。

つまり、わたしたちは、この分かりにくい文章アートの、逆をすればいいのです。

その原則は三つだけ。

① 文章は短くする。
② 形容語と被形容語はなるべく近づける。
③ 一つの文に、主語と述語はひとつずつ。

短く、近く、シンプルに——すぐ「うまく」なる三原則

①について。

吾輩は猫である。名前はまだ無い。

ご存じ、夏目漱石のデビュー作の書き出しです。「吾輩は猫なんだが、名前はまだ無いのである」とか、「吾輩は、まだ名付けられていない猫である」とは、ぜったいにしませんね。

もちろん漱石は、短い文章だけを書いていたのではなく、重層的にうねりをもたせた、複雑で長い日本語も書きます。ですが、総じて、短い、平易な文章を得意にしました。漱石の生きた明治時代とは、庶民にも分かる日本語を、主に小説家が開発し、新聞を通じて広めていた時代です。わざわざ難しい言葉は使わない。短い文章でたたみかける。漱石は町っ子。素の町人だったんです。

文章は、粋な町っ子でいきたいですよね。初心者はもう、すべての文章を分けてみてください。二つに分けられる文は、全部、二つに分ける。

②について。

わたしの敬愛する先輩に、悪文狩りの名人がいるのですが、その悪文ハンターが、ある日のテレビニュースで、「違法な野生動物の売買」とアナウンサーが話すのを聞き、憤慨していました。「耳を疑い、テロップもあったので目を疑った。野生動物にも法律守れってか？」。

単に「野生動物の違法な売買」とすればいいだけの話ですね。「違法」なのは「売買」であって、「野生動物」が「違法」なわけがない。こういう文章は、たいへん多く見かけます。なぜかというと、文章の書き手は、自分の言いたいことが分かっているからです。あたりまえですね。

しかし、読者は書き手の言いたいことなんて分かっていない。多くの場合、興味もない。相手は自分の言いたいことを分かっていない。興味もない。そこから始めるしかない。謙虚さが、文章のコーナーストーン（要石《かなめいし》）です。うまい文章を書く人は、人に対して、世界に対して謙虚です。

③について。

〈太川陽介が路線バスに乗るテレ東の番組と言えば、そばに漫画家の蛭子能収がいるのがおきまりだが、冒頭、参加しないことが判明。本人が手紙でしたためた理由がちょっぴり切ない。／気を取り直して、番組は、二手に分かれ、路線バスとローカル鉄道の乗り継ぎ対決の旅を行う。スタートは西武秩父駅。〉

これも悪文ハンターが狩ってきた例文です。

プロの新聞記者が書いているテレビ批評ですが、どこから手をつけていいか分からないぐらいの悪文です。冒頭の一文が長ったらしいのはひとまずおくとしても、決定的なのは、「気を取り直して」の一節でしょう。ここで気を取り直すのはだれか。太川陽介か。番組のディレクターか。おそらく、この記事の筆者なんでしょうね。「わたしが」気を取り直す。そして「番組は」うんぬんと続く。それを、一文にしている。ひとつの文章に主語と述語が複数あるので、すさまじい違和感がある。

主語と述語は、一文にひとつずつでいいでしょう。もちろんこれは原則で、複文や重文にして効果を増すこともある。ですが、この記者のように、大原則を知らないで書き流しているものが大半です。原則は守ってこそ、例外に効果が出る。

「ちょっぴり切ない」と、わざわざ口頭語にして読者に媚《こ》びている。「旅を行う」は禁則表現で、記者の意識の低さを証明しています。なぜ禁則なのかは第4発で詳論します。

「文章」とはなにか

さて、ここでふたつめの問いです。文章とはなにか。これはしちめんどくさい疑問で、まともな人間はこういうことを問題にしません。なので、初心者向けのホップでは、スルーしておきましょうか。

ただし、職業ライターを目指すなら、この問いに真剣に立ち向かわなければなりません。この本でも各所でしつこく考えます。

文章とはなにか。言葉とは、なんなのか。

ここでは、ほんの少しだけ。

漱石の小説『草枕』には、若い画家の主人公と謎めいた美女那美さんが、急に距離を縮める場面があります。漱石は、こういう男女の機微を書かせると右に出る者はいないくらい、うまい。

ふたりきりで話し込んでいた部屋で、地面が大きく揺れた。

「地震！」

勝ち気な那美さんも、さすがにおびえて主人公に近づく。女の息が、顔にかかる。

「変な気を起こしちゃだめですよ」。女が言うと、主人公は「むろん」と答える。

ところで、「地震！」や「むろん」だけを切り出すと、それは、文章でしょうか。

主部と述部があって文章を構成するという観点に立てば、文章ではないですね。「地震」は言うまでもなく名詞で、「むろん」は副詞です。ところが、小説を読むと分かりますが、この品詞ひとつで、文章になり得る。

文章とはなにか。

文章とはキャリアー（信号、波、触媒、運ぶもの、感染）です。言葉を発する主体の、感情、判断、思想を乗せて走るクロネコヤマトです。宛先は、もちろん読者です。感情、判断、思想がそこに梱包《こんぽう》されていなければ、読者の受け取り印はもらえません。読者の受け取り印とは、心が揺れた、倒壊したという現象です。

地震！

ステップ

ミフネはたしかにうまいけど

朝日新聞に「アロハで田植えしてみました」という連載記事を書き始めたのは、二〇一四年のことだった。都会から田舎に流れてきたライターが、縁もゆかりもない土地で、早朝の一時間だけ田仕事をするという、そこだけとればなんということもない企画だった。しかし連載一回目から、驚くほど多くのファンレターや電話、メールが来た。テレビ番組になり、本になった。連載はシリーズ化され、二〇二〇年、シーズン7まで続いている。

その記念すべき第一回が紙面になったとき、九州地方の新聞社の編集幹部に、掲載紙を送ったことがある。別件の取材でお世話になった方で、ごあいさつという程度。とくに深い意味はなかった。

その編集幹部は、現役時代から名文記者として知られた人で、本を何冊も出版し、文化部長や編集局長を歴任した人物だった。返礼のはがきに、こうあった。

「記事は読んでいました。なにしろうまい文章です。うま過ぎると言ってもいい。しかし、なにごとにつけ、『過ぎる』というのは、よくないことかも知れませんよ」

この短いはがきには、しばらく考え込んでしまった。

黒澤明監督の傑作に「椿三十郎」という映画がある。主人公（三船敏郎）は、頭が切れてべらぼうに腕の立つ素浪人で、世の中に怖いものなどない男。敵の侍を容赦なく切り伏せる。その三十郎に、いかにも気品のあるおっとりした、城代家老の奥方が、諭す場面が忘れがたい。

「あなたはなんだかギラギラし過ぎていますね。そう、抜き身みたいに。あなたは、鞘《さや》のない刀みたいな人。よく切れます。でも、本当にいい刀は、鞘に入っているもんですよ」

「うまい文章」は「いい文章」か

徒然草は「よき細工は、少し鈍き刀を使ふといふ」と書いている。「歌よみは下手こそよけれあめつちのうごき出《いだ》してたまるものかは」とは、江戸時代の狂歌だ。歌よみは下手な方がいい。うまい歌など書かれて、天地が動いてしまっては危なくて仕方ない。古今集の序文に、「力をも入れずして天地《あめつち》を動かし」とあることに対する、強烈な皮肉だ。

人は、うまい文章を書きたがる。切れる刀をもちたがる。敵（読者）をなぎ倒す。しかし、その「うまい文章」は、はたして、「いい文章」なのか。

文章が、主体の感情、判断、思想を乗せて走るクロネコヤマトだとすると、そして受け取り印は読者の心が揺れたという現象だとすると、うまい文章に、喜んで受け取り印が押されるわけではないのではないか。

うまい文章などいらない。「いい文章」を受け取りたい。お客さんは、そう、思っているのではないのか？

ここで、ついに問いが変奏される。

いい文章とはなにか。

文字どおり、人を、いい心持ちにさせる文章。落ち着かせる文章。世の中を、ほんの少しでも住みいいものにする文章。風通しのいい文章。ギラギラしていない、いい鞘に入っている、切れすぎない、つまりは、徳のある文章。

切れすぎる刀は、人を落ち着かなくさせる。余裕がほしい。ふくらみが、文章にはほしい。

では「ふくらみ」とはなんなのか。

ここでは、「誤読の種を孕《はら》むこと」と言っておく。この本の最後の弾丸、第25発で、リプライズされるはずだ。

第3発

すべる文章

――読みやすさはきめ細やかさ。

ホップ

目指すのはストレスなく読める文章

いまわたしは猟師に夢中になっていて、鴨や鹿のことを話し始めると止まらない。十分以上も話し続けて相手を置き去り、向こうの目がうつろに泳ぐ。そんなことがよくあります。話がすべっていて、しかもそれに気づいていない。こういう人は、いけません。もてないです。

その「すべる」ではなくて、ですね。まるでグライダーのように滑空していく、きめの細かい文章。できれば読者に読んでいることさえ意識させないような、そんな「すべる文章」を書きたいものです。

どうしたらすべる文章が書けるか。摩擦係数を減らす。これに尽きます。

ボウリング場のレーンはオイルを何重にもたっぷり塗って、すべりやすくしてあります。ボールを軽く置いても、球はピンデッキに吸い込まれるように転がっていく。これが芝生だったらどうでしょう。ボールはなかなか転がってくれません。公園の砂場だったら？　室伏広治が投げたって、ボールはピンまで届かない。

摩擦係数が高いからです。ピンまで届かせようとしたら、ものすごい力がいる。ピン、つまり文章の結論に達するのに、読み手に非常な努力を強いる。それが、摩擦係数の高い文章、すべらない文章です。すべらない文章はいけません。

具体的にはどうするか。それこそ、この本の第7発まではすべて、摩擦係数を減らすテクニックだと言ってもいい。

捨てる勇気——固有名詞と数詞

ところで、摩擦係数を低くする初歩、いちばん簡単な方法があります。固有名詞と数詞を減らす。これです。

わたしは新聞社にもつとめていて、若手記者の原稿を直す「デスク」という仕事をすることがあります。真剣に学ぶ気のある若手記者のときだけ、「固有名詞が多いよ」「数字を減らせ」なんて教えることがあります。

みんな、のけぞりますね。

それはそうでしょう。新聞というのはデータがすべて。取材に取材を重ねて、データを突きつける。事実に語らせる。人名、地名、数字はもっとも大事、記事の根幹だ。そう教えられています。

まあ、そうでしょう。とくに反対はしません。

しかし、そういう新聞記事が読まれているかどうかは、また別の問題です（いまの読者に読まれなくても、後世に残す歴史資料なんだと、息巻くジャーナリストも大勢います。とくに反対はしません）。

人名や数字を詰め込めば、それは間違いなく摩擦係数を高めることになります。読むスピードを、いったん遅くする。

発想が逆だと思うのです。数字を入れるなら、その数字が、ストーリーを動かす決定的に重要な役割を果たすから。人名や地名を入れるのは、そのデータがなければ、書いていることが理解できないから。固有名詞を書くのなら、厳選にも厳選を重ねるべきなのです。

いいわけは見苦しい――「など」「いろんな」「さまざま」

そのほか分かりやすいのは「など問題」です。「など」は、撲滅しましょう。

次の文を読んでください。全国紙に掲載されていた、テレビ番組を紹介するコラムです。

〈9人対9人で対決する人気クイズ番組の今夜は、ドラマ「アリバイ崩し承ります」に出演する勝村政信が主演の浜辺美波や安田顕らを率いて、くりぃむしちゅーの有田哲平のチームと対決する。〉

9人対9人という、まずこの数字、いらないでしょう。また、一文に、詰め込むも詰め込んだり、固有名詞が六個もあります。テレビをまったく見ないわたしにしてみれば、一瞬、頭が白くなる濃度です。

これに続く二文目。さて、どんなクイズなのか。

〈一部しか書かれていない漢字に指定された読み方になるよう書き足す問題や、「私は子どもが好きな食べ物です」など、特定のモノなどを演じる「天の声」に

質問を重ねて答えを推理する問題など、お茶の間でもワイワイ楽しめるものばかり。〉

文が長いのも読みづらいですが、一つの文章に「など」が三つ入っています。ほとんど犯罪的です。

人はなぜ、「など」を入れるのでしょうか。怖いからです。〝正確〟であろうとするからです。などを入れておけば一安心。「クイズの問題はほかにもあっただろ！」という読者の抗議を、かわせる（そんなもん、来ませんけどね）。

新聞記者にとくに顕著なんですが、「など」を使うのは、エクスキューズ、いいわけ、逃げ口上です。

「など」を全部取っ払って、別に問題ない。〈答えを推理する問題は、お茶の間でワイワイ楽しめる〉でいいじゃないですか。

いいや、それさえ、よくないですね。「お茶の間」って、なんですか？　いまはなに時代なんですか。常套句もいいところ（第4発）だし、「ワイワイ」楽しむって、冗談は顔だけにしてください（第5発）。

「など」「いろんな」「さまざまな」。こういうのはすべてエクスキューズ語です。具体的に言えないんです。考えていないんです。めんどうくさいんです。投げちゃってるんです、ライターの仕事を。ものすごく読みにくい、逃げ。

逃げてるライターに、もう舞台は回って来んど（by川田英光「仁義なき戦い　頂上作戦」）。

少し荒っぽくなりましたが、ライターの仁義として、文章の大ブレーキを最初に知るべきなんです。

ステップ

映画の出だしに学ぶ〝すべる文章〟

ライターとは表現者である。表現者である以上、小説やノンフィクションだけではない、映画、音楽、演劇、絵画と、すべての「表現形式」を好きにならなければだめだ。好きにならないまでも、「関心がない」とはプロの言葉ではない。

じっさい、文章術の役にたつことばかりなのだ。とくに映画を研究しない手はない。

映画は、せいぜい二時間程度の短い表現だ。出だしの数分で観客の、いや、その前にスポンサーという「カネの出し手」の心をわしづかみにしなければならない。だから、すべての映画の出だしは、監督が最大の注意を払って作っている。どの映画にもスピード感がある。〝すべる文章〟になっている。

たとえば小津安二郎監督は、のんびりしたテンポで、家族愛や人生の哀愁を静謐《せいひつ》に描いた監督だと批評されがちだが、これもとんでもない誤解だ。出だしのスピード感を、よくよく観てみる。名人芸だ。「東京物語」でも「秋刀魚の味」でも、代表作とされているものを、出だしに注意して繰り返し観てみる。なぜこのシーンを選んだのか、説明できないカットはひとつもない。笠智衆や原節子ら、主人公の社会階層、性格、年収を、ワンカットで分からせる。

べつに古典映画でなくてもいい。自分の好きな、繰り返し観てしまう映画の、とくに出だしのシーンを、ライター目線でもういちど分析しながら観てみる。

コーエン兄弟の「ビッグ・リボウスキ」は何度観たか知れないくらい好きなのだが、冒頭はボブ・ディランの曲のなかでもあまり知られていない「マン・イン・ミー」で始まる。なんの変哲もないボウリング場で、レーンの上をカメラが横に走る。次々にボールを投げる人たちを映すのだが、そこに出てくる人を、じっくり見てほしい。これもまたなんの変哲もない、どこにでもいそうな人たち。だが、性別、人種、体形、髪形、洋服に注意してみる。監督は、偶然に、この人たちに投げさせているのではない。

だれのために作ったか。なんのためにこの映画を撮ったのか。出だしのシーンだけで、雄弁に、ひとこまの無駄なく、スピーディーに語りきっている。

摩擦係数が少ない、すべるとは、こういうことだ。

シグナルを、埋め込む――メッセージ・イン・ア・ボトル

最後にもう一つだけ。

固有名詞や数詞はなるべく入れない。絶対に必要不可欠なものだけに限ると書いた。以前、わたしが全国紙の社会面に書いた記事を次に掲げる。JASRACから突然、何十年分にもわたる著作権使用料の取り立てにあい、つぶれそうな地方のジャズ喫茶の物語、その出だし部分だ。


〈いつものようにガラすきの店に珍しく年配の紳士が1人で入ってきた。見なれない顔だ。／新潟市西堀通のジャズ喫茶「スワン」。W子さん（55）が注文を取ると、「リクエスト、いいですか。『愚かなり我が心』」。／渋いなあ、マイ・フーリッシュ・ハートか。邦題で言う人、少ないんだよなあ。そんなことを考えながら、W子さんは古いレコードに針を落とした。その日の客は、結局その紳士1人

だけだった。〉

読み返すと、〈ジャズ喫茶「スワン」。〉と体言止めにしているところが定型表現で気になるが、ここで言いたいのは固有名詞、数詞だ。

「新潟市西堀通」や「スワン」、「W子さん」「55歳」は、新聞である以上、絶対に必要な固有名詞、数詞だろう。しかし、「愚かなり我が心」という曲名はいるだろうか。ご丁寧に「マイ・フーリッシュ・ハート」と、原題を繰り返している。

ほかにも記事には、こうある。

〈常連には、78年に32歳で亡くなった伝説の音楽評論家、間章《あいだあきら》さんもいた。〉

この節の趣旨からいうと、これらは完全に雑情報。摩擦係数を増やす余計な固有名詞に数詞ではないだろうか。

わたしは、逆だと思う。文章に「絶対に必要」ではない。しかし、こうした固有名詞、数詞がないと、この文章は「十分」ではない。完成しない。

ジャズにそれほど詳しくはない読者には、絶対に〈必要〉な固有名詞だけに切り詰めて、摩擦係数をなるべく低くしてある。しかし、ジャズに詳しい読者にも、通り一遍ではない情景描写で、より情感を増すに〈十分〉な文章を目指している。ジャズ喫茶の成り立ち、たたずまい、客からの愛され方、そしてＪＡＳＲＡＣが雇った、客を装う探偵のいやらしさをも、語る。そういうシグナルを、埋め込む。

文章を書くとは、考えてみれば、とてもめんどうな、辛気くさい、鬱々《うつうつ》とした、ぱっとしない作業だ。なにが悲しくて、こんなものを書くのか。

文章は、信号のことだ。だれが読むのか分からない。手にとってもらえるかさえ心もとない。しかし、だれかに伝わることを信じなければ、とても書いてなんぞいられない衝動。叫び。埋め込まれたシグナル。

空き瓶に手紙を詰めて、海に流す。流れつく先は、分からない。しかし読まれることを信じなければ、とても書けはしない。

文章の本質は、そこにある。磨き込むボウリングレーン。埋め込むシグナル。メッセージ・イン・ア・ボトル。

第2章

禁じ手を知る

第4発

常套句・「としたもんだ表現」

——親のかたきでござります。

ホップ

常套句——「目を輝かせ」「胸を張る」退屈な人たち

わが家に集まる塾生たちに、いちばん最初に教えるのは、「常套句をなくせ」ということです。

塾を卒業してデビューしていったフリーライターが述懐していたことですが、彼女はある日、いつものようにわたしに原稿を怒られ「常套句は親のかたきと、大きく紙に書いて、机の前に貼っておけ」と面罵《めんば》されたのだそうです。塾と言ってもほとんどは酒を飲みながらの宴会ですから、さては酔っていましたか。

常套句とは、定型、クリシェ、決まり文句です。

たとえば、秋の青空を「抜けるように青い空」とは、だれもが一回くらいは書きそうになる表現です。「燃えるような紅葉」などと、ついやらかしてしまいますね。

新聞記者は一年目、二年目といった新人のころ、高校野球を担当させられるので、高校野球の記事は常套句の宝庫（？）です。

試合に負けた選手は「唇をかむ」し、全力を出し切って「胸を張り」、来年に向けて練習しようと「前を向く」ものです。一方、「目を輝かせた」勝利チームの選手は、「喜びを爆発」させ、その姿に「スタンドを埋めた」観客は「沸いた」。


常套句を使うとなぜいけないのか。あたりまえですが、文章が常套的になるからです。ありきたりな表現になるからです。

しかし、それよりもよほど罪深いのは、常套句はものの見方を常套的にさせる。世界の切り取り方を、他人の頭に頼るようにすることなんです。

どういうことでしょう。


たとえば先ほど書いたように、秋の晴天を、「抜けるような青空」と書いたとします。最初にこの表現を使った人は、ずいぶん苦労したのでしょうね。どこにも雲一つない、突き抜けていけそうな、まるで天蓋の底が抜けたような空。それを「抜けるような青空」と書くとは、なかなかな文章術だと思います。

しかしいったん書かれてしまうと、そしてその表現が〝流行〟していろんな人が書くようになると、もういけません。「抜けるように青い空」と書いた時点で、その人は、空を観察しなくなる。空なんか見ちゃいないんです。他人の目で空を見て、「こういうのを抜けるような青空と表現するんだろうな」と他人の頭で感じているだけなんです。

事実は、秋晴れの日に、ひとつとして同じ日はないのです。すべての青空が、違う青さをもっている。大きな仕事を終え、晴れ晴れとした気持ちで天を仰ぐときもある。恋人と別れ、死にたい気持ちに沈んでいるが、空はやはり青かった。そんな日もある。いずれの「青空」も、違うんです。そもそも、ふだんは気にもとめていなかった空を見て、なにかを感じている時点で、いつもと違う気分、特別な心持ちでいるはずなんです。そうでなければ、わざわざ空の色に言及するはずもない。

自分にとって空がどう「青い」のか、よく観察してください。自分の頭で考え抜くんです。

「美しい『花』がある、『花』の美しさといふ様なものはない」とは、有名な批評家が書いた有名な言葉です。この言葉を、ごくかいつまんで「常套句を書くな」と言い換えても、大きな間違いではないでしょう。

わたしたちはつい、「美しい花」「美しい海」と、言ったり、書いたりしてしまいます。日常会話ではそれでいいのかもしれません。しかし、ライター志望者が「美しい海」「美しいメロディー」「美しい人」と書いているようでは、未来はありません。

一輪一輪で異なる、美しい個々の花は、たしかにあります。しかし、花一般の美しさというようなものは、ありません。みな、違う。だからこそ逆に、「美しい花」と書いてはいけないんです。

常套句はライターの「目を狂わせる」!?

今日の、この海が、どう美しいのか。別の日、別の場所の海と、どう違うのか。そこを、自分だけの言葉で描き出すのが、文章を書くことの最初であり、最後です。

自分が感じた美しさを、読者にも分かってもらいたい。伝えたい。だから書く。ところが多くの場合、読者だけではなく、自分にもその「美しさ」は、分かっていないんです。見えていないんです。

海や旋律や人物の美しさを、まず自分が分かっていない。言葉にしていない。つまり、考えていない。「美しい」と、なんとなく感じているだけで、それを「鏡のように静かな海」とか「抜けるような青い空」「燃えるような紅葉」「甘いメロディー」「エッジの立ったギター」と常套句で、他人の表現・他人の頭で代用して書いているだけなんです。

なぜこの海が、この旋律だけが美しいのか。「このわたし」の胸に迫ってくるのか。慰め、励ますのか。その切実が、言葉に結晶していない。

「言葉にできない美しさ」と、よく人はいいますが、それは言葉にできないのではない。考えていない。もっといえば、当の美しさを、ほんとうには感じてさえいないからなんです。

先人たちが紡いできた、それなりに豊かな言語世界でも、自分のいまの感じを十全に表現できない。ここではないどこかを目指す。そういう、ほとんど負けることがわかっている戦いに身を投じる必然性のある「困った人たち」に開かれた荒野が言葉であり、わざわざ文章を書くというのは、その荒れ野に、われとわが身とを差し出すということなんです。

ずいぶん大きな話になりましたが、さて、自分が塾生たちに酔ってわめいたらしいこの標語、「常套句は親のかたき」が、そもそも常套句なのではないでしょうか？　常套句を使って常套句を戒めるという、たいへんまぬけな話になっているのかも知れません。

ステップ

小林秀雄の問い――「花」の美しさとはなにか？

美しい「花」がある、「花」の美しさといふ様なものはない。（「当麻」）

そう書いたのは小林秀雄だ。短い随筆なのでライター志望者は必読だ。

ある門番や馬車の姿を、ほかのすべての門番、馬車とどう違うのか。それをわたしに描いて、わからせてくれ。フランスの作家フロベールは、弟子のモーパッサンに、そう教えた。

問題は表現しようと思うすべてのものを、だれからも見られずいわれもしなかった面を発見するようになるまで、十分長くまた十分の注意をこめて眺めることである。どんなもののなかにも、まだ探求されてない部分というものがある。

（「ピエールとジャン」）

これは、わたしの言葉で言い表すと「正確に、どこまでも自分の目に忠実に書け」ということになる。

次は、全国紙に載った書評の一部だ。

〈そもそも何故キリンの首は長いのかという疑問から出発し、最もキリンに近い動物がオカピであることを教えてくれて、大型動物の解体・骨格標本作成を通して未知の世界の扉を開けてはわかりやすく説明してくれる。

著者と共に解剖学の論文を読み解き、世紀の大発見につながる研究テーマを獲得するくだりは、非常にワクワクした。郡司さんのキリンへの愛が本からこぼれ出てくるようで、愛《いと》しい気持ちもお裾分けしてもらった。〉

ここにいわゆる「常套句」はいくつあるだろう。常套句はない、と思う読者もいるだろう。しかし、わたしだったら、推敲の段階で「この表現は削るか、再考する」という箇所が、短い文章に少なくとも五カ所ある。

・未知の世界の扉を開けては
・世紀の大発見
・非常にワクワクした
・愛が本からこぼれ出て
・愛しい気持ちもお裾分け

たしかに、文意は通じている。よく見る表現でもある。ひとつひとつを解説しないが、たとえばいちばん簡単な「非常にワクワクした」。第5発で述べるとおり、ワクワクするという擬態語の使用に疑問符がつくのは当然として、ワクワクの前の「非常に」が、わたしにはひっかかる。ワクワクするときは、必ず、いつでも、「非常に」ワクワクするものではないのだろうか。強調の形容語とセットになって使うことが常套的になっているのではなかろうか。

「としたもんだ表現」――小手先で片づける怠慢な文章

もう一歩進む。常套句とは、「美しい海」「燃えるような紅葉」という、ありきたりな形容や比喩表現だけではないことに注意が必要だ。常套句の派生として、「としたもんだ表現」というのもある。

〈年末の東京・表参道。都内の私立大3年の女子大学生（21）は、イルミネーションの中、黒いリクルートスーツ姿で歩いていた。〉

全国紙の新年連載で、第一回を飾った文章の書き出しだ。新年の新聞一面に載る大型連載というのは、記者にとって晴れがましい舞台であり、どんな新聞でも、もっとも力を入れる記事である。その書き出しが、冒頭の一文だ。

記者はもちろん、「デスク」といわれる文章の直し役も、見出しを付ける整理記者に校閲記者、社会部長や編集局長ら新聞社幹部、多くの人間が目を通して、この文章になったのだ。

わたしはこれを、「としたもんだ表現」と呼んでいる。新聞の、ストレートニュースではなく、読みものとしてのルポルタージュは、こうやって書き出す「としたもんだ」。そういう共通認識が、記者のあいだである。その、典型的な例という意味である。新聞とは、そうしたもんだ。読みものはこうやって書き出すとしたもんだ。新聞業界の長年の手癖のような文章だ。

「年末の東京・表参道。」と、時日、場所があって、句点で区切る。強調する。この派生形として、意味の大きい日付で句点を打つ手法もある。

〈2011年3月11日。激しい揺れに襲われたのは放課後、野球部の練習に向かおうとしていた時だった。〉

こんな表現は、放っておけばほとんど津波のように新聞、雑誌、ネットの記事に押し寄せる。

「行われた」「開催された」も、としたもんだ表現の亜種だ。

〈消費の拡大につなげようと「○○町おむすび選手権」が△日、開催された。〉
〈○○高原スキー場で△日、シーズン中の無事を祈る安全祈願祭が行われた。〉
〈番組は、二手に分かれ、路線バスとローカル鉄道の乗り継ぎ対決の旅を行う。〉

旅は行うものなのか？ 単に、「○○があった」「○○が開かれた」「○○する」で、なぜいけないのか。新聞記事とはそうしたもんだという、先入見があるからだ。記事にする意義がある、たいそうなイベントが行われた、開催されたのだと、筆者が主張したい。「いやじっさいにはたいしたイベントではないのだが、休日でネタがなく、紙面も薄いし、仕方がないから出稿しているのだけれども……」という、いいわけのような意識も、この言葉を選ばせている。

いわば表現のインフレ現象で、これは新聞記事だけではない。テレビニュースにも、広告や、官僚の書く公文書、企業のプレスリリースにと、放っておくと世界にいくらでも増殖する。

こうした「としたもんだ表現」こそ、文章を読みにくくする大ブレーキなのだと、ライターは知るべきだ。

「としたもんだ表現」が定義するディストピア

もっと言えば、「としたもんだ表現」が、世界を住みにくくさせているのだ。

女らしさはこうしたものだ。男とはかくあるべきだ。日本人とはこうした民族だ。愛国心とはこういうものだ。人間とは、人間らしさとは、○○としたものだ……。

人が発するすべての「としたもんだ表現」には、じつはさしたる根拠がない。すべて、ある特定の時代、特定の地域にしか通用しない、文化による規定だ。幻影であり、思いこみなのだ。

文章を書くのはなんのためか。ひとつだけここで言えるのは、いやしくもプロのライターなら、狭量と不寛容と底意地の悪さにあふれた、争いばかりのこの世界を、ほんの少しでも住みやすくするため、生きやすくするため、肺臓に多量の空気が入ってくるために、書いているのではないのか？　そうでなければいったいなんのため、机にしがみつき、呻吟《しんぎん》し、腰を悪くし、肩こりに悩まされつつ、辛気くさく文字を連ね、並び替え、書いては消し、消しては書いてを繰り返すのか。

世界に汎濫《はんらん》する「としたもんだ表現」の洪水に、抗《あらが》うために書く。「としたもんだ世界」に、すきまを見つける。ひび割れを起こさせる、世間にすきま風を吹かせる。

常套句は親のかたきでござります。ほんとうの意味は、そこにある。

第5発

擬音語・擬態語・流行語

——エモいも、ほっこりも、マジ、やばい。

ホップ

あざといオノマトペ

まずは次の文章を読んでください。

〈むぎゅっ、むぎゅっ。足元で音が鳴る。この冬一番の寒気がやってきた1月末。白銀の風景を撮ろうと家を出た。雪が積もった道では、歩を進める度に音が聞こえる。／（略）／取材は山あいの集落に向かった。人と動物の足跡が、並行して雪の上に残っている。愛犬との散歩を楽しんだのだろうか。大小2つの丸い塊も転がっていた。雪だるまを作ったのかな。残された痕跡から、自分より先に雪を

踏んだ人たちに思いを巡らせる。寒い雪の日もまたいいと思い直した。〉

わが私塾に通う最年少、二十三歳の新人記者が書いたコラムです。ぜんぜん関係ない、他社の人間です。

なにしろ気にくわないのが冒頭の「むぎゅむぎゅ」。しかも文頭に置いていやあがる。

彼女としては、ひとひねりして、このオノマトペを選んだはずです。キュッキュと雪を踏むのでもなく、長靴がギシギシ音を立てるのでもない。ひとひねり。しかも、カタカナではなく、ひらがなで「むぎゅむぎゅ」。

「どうだ」と、鼻の穴を膨らませている感じが、もうほんとうに勘弁してくれです。

「どうだ」感で、少し前までは大流行していたオノマトペが、「ほっこり」です。

〈女子の京都ひとり旅。お茶屋さんでひと休み、玉露をいただく。湯の玉を舌先で転がすと、思わずほっこり、癒やされる。〉

風邪でもひいたのかな？　寒気がする。それぐらい、いやな感じ。

「女子」「お茶屋さん」「いただく」「思わず」「ほっこり」「癒やされる」、もうすべてだめ。無邪気、純真、清楚《せいそ》を装う「かまとと話法」とでも名付けようか。書き手の自意識が、目の前に迫ってくる。

初心者はもちろん、伸び盛りのライターも、いっときでいいから、このさいオノマトペを全部やめませんか。

オノマトペとは、擬音語と擬態語のことです。

擬音語は読んで字の通り、じっさいの音をまねた言葉で、お茶漬け「さらさら」、雨が「ざあざあ」、犬が「わんわん」。「むぎゅむぎゅ」も、擬音語です。

擬態語は、音以外の、たとえば視覚や触覚での印象を言葉で表現した語です。「ぴかぴか」の一年生、「つるつる」した表面、「のそのそ」した野郎……。「ほっこり」は、こちらです。

「おぎやあ、おぎやあ、おわあああ」はなんの擬音語？

日本語はオノマトペに豊かな表現で、それじたいが悪いわけではありません。むしろ、日本語表現の可能性を広げてきた。

萩原朔太郎は猫の鳴き声を「おぎやあ、おぎやあ、おわああ」と書いて主人の狂気を示唆し、中原中也のブランコは「ゆあーん　ゆよーん　ゆやゆよん」と軍国主義のいやな時代を揺れ動き、草野心平の蛙《かえる》は死の間際、「りを　りを　りま　りま」と祈るように歌う。

オノマトペによって、言葉を創造している。猫やブランコや蛙それじたいではなく、それらを聞く人間の感情を、発見している。気づかなかった心に、光を当てている。だから、読み手を揺さぶるんです。

「ほっこり」も、最初はそうだったと思うのです。上方の方言で「ふかし芋」を意味するそうで、東海道中膝栗毛にも、「女中がたの器量ふきりやう、ほっこり買うて喰うてござるも」とあります。ここから転用されて、心があたたかになる、のんびりする、そうした感情を表すのに「ほっこり」が使われた。

しかし、「ほっこり」が若者言葉として『現代用語の基礎知識』に載ったのが、二〇一〇年です。じっさいにさかんに使われ始めたのはそれよりも前ですから、かれこれ十数年前の流行です。そんな旧感覚語を、新感覚として文章に書かれて「どうだ」と言われても、鼻白むだけです。

「むぎゅむぎゅ」も使われ始めてずいぶん経った擬音語ですよね。使うなら、新しいオノマトペを自分が発明し、世に流行させる。それぐらいの覚悟で、新語を開発してください。

罠に注意

なぜオノマトペを使わないか。第一には、子供っぽいからです。車はブウブウ、北風ピューピュー、スキーでランラン、お星さまキラキラ。

第二に、こちらの方が重要ですが、オノマトペも常套句の一種なんです。擬音語、擬態語を使うことによって、書き手は、もう、世界を観察することをやめている。先人の目、耳、鼻、口、触覚によって、世界を切り取っている。自分自身の感覚を、〈このわたし〉を起動しない。つまり、第4発で書いた常套句と同じ構造になっているんです。

猫は、いつでもにゃあとは鳴かない。「りを　りを　りま　りま」と蛙が鳴くのは、その当の蛙が死ぬときだけ。

擬音語、擬態語で、ある特定の感情を表そうとすると、その都度その都度、新しい言葉を発明しなければならない。しかしそうした、その都度都度に発明した〈言葉〉が、〈言語〉になるかは、きわめて疑わしい。他者への伝達が困難だからです。個別の感情の数だけ、個別の言葉が必要になるなら、それはかえって自由をそぐ。

書くことを、あなどってはいけません。擬音語、擬態語だけではありません。常套句も、定型表現も、書くという営為には、それこそいくらでも罠《わな》がしかけられているんです。

ものを書くとはつまり、あちこちにしかけられている、汚い罠をすり抜けることなんです。またそうして生き残った者のみが、黄金に手を触れます。自分だけの表現を獲得します。

ステップ

「やばい」と無自覚に書くやばさ

ナウいヤングに、エロ、グロ、ナンセンスと言っても通じない。ボインは、通じるけれど薄笑いされるだろう。アベックはどうか？　通じるだろうが、死後数十年はたっている。同じフランス語でも、アプレは絶対通じない。

流行語、俗語の宿命だ。

「超」も「マジ」も「やばい」も、「バズる」も『キレッキレ」も、すぐ腐る。賞味期限が切れる。いや、これは若者言葉をディスってるのではない。そもそも「ディスる」なんて言葉じたいが、本場・米国のラッパーではやらなくなって、十数年もたった。

ライター志望者は流行語を書くな、とは言わない。ただ、書くべき、ときと場所に、賞味期限に、きわめて鋭敏にならなければならない。

かつてわたしがネットに書いた、あるミュージシャンとの対談記事を、「エモい」と、そのミュージシャンのファンにほめられたことがある。ブロガーらしい。気に入ってもらえてうれしいが、「エモい」と書いている時点で、このブロガーは大丈夫だろうか、とは思う。

「エモい」なんてもう古い、ではない。はやり始めてしばらくたち、使う人も多くなってきた流行語を、無自覚に文章に引いてしまうその感性が、ライターとしてきわめて鈍感だ、と言っている。

流行語は、もしも使うなら、はやり始めのごく一瞬、あるいはもはや微苦笑を誘う哀愁が漂うころあいに、ギャグとして使うか。この二択しかない。わたしはテレビも新聞もネットも見ないが、そのわたしレベルの世捨て人でさえ意味を了解できるくらい蔓延してきたパンデミック語を、ドヤ顔（これも流行語だ）で使うその神経が、「大丈夫なのかな」と思うのだ。

乗っ取られる脳――流行語と思考のゾンビ化

「ナウい」も「エロい」も「グロい」も、その言葉自体を排撃しない。

日本語とは、新語、流行語ときわめて親和性の高い言語だ。

そもそも、中国から輸入した漢字を使い、万葉仮名で最古の歌をしたためた（万葉集）。漢字の草書を崩してひらがなを発明し、平安文学が花開いた。偏《へん》や旁《つくり》を簡略化したカタカナで、鎌倉仏教の哲学的思考を深めてきた。それが、わが祖国日本の輝かしき文学的伝統だ。

日本文化とはつまり、あたらしもの好き、改良マニアック、バージョンアップカルチャー、誤読の天才なのだ。

たとえば日本語のイ形容詞は、外来語と接続して、数々の新語を創りあげてきた。だから、エロいがあればエモいもあってよく、エコい（環境にいい）もあったっていいし、じじつ、あった。はやらなかっただけだ。

ただ、それを使う時と場所、ＴＰＯ（これも流行語だったか）をわきまえなければならないということなのだ。

「不易流行」という。言葉を操るものが、流行に鈍感でいいわけがない。しかしそれは、流行であることを知悉《ちしつ》して、流行のはかなさ、馬鹿馬鹿しさを知りつつ使う。不易、つまり変わらないこと、普遍を目指した文章に忍ばせる飛び道具として、なのだ。

流行語は、流行しているときに使ってはいけない。なぜなら、みなが使っているから。みなが、その言葉によって、同じような感覚、判断、思考、世界を想起しようと努めているのだから。みなが、判断停止、思考停止をし始めている証左なのだから。流行語を使うとは、世間に、言葉を預けることだ。言葉を預けるとは、自分の頭を、自分の魂を、世間に預けることだ。うわついて、邪悪で、移り気で、唾棄《だき》すべき、しかしこれなしにはどんな人間も生きられない「世間」という怪物に、自分をそのまま預けてしまうことなのだ。

なぜ、わざわざ文章など書くのか。

みなが見ていること、みなが感じていることを、見ないため、感じないためだ。感性のマイノリティーになることが、文章を書くことの本質だ。

語るとは、本質的に言って、眼に見えるものを見えぬものへ変形することだ

（ブランショ『文学空間』）

いまは分からずとも、いつかこの言葉が身に染むときが来る。あなたが書くことを

やめなければ、の話だが。

第6発

起承転結

——転を味方につければサバイブできる。

ホップ

起承転結かんじんかなめ

型破りという言葉があります。前例を踏襲していない。斬新、オリジナルな表現。表現者である以上、いつかは「あいつは型破りだ」と言われたいものです。

一方、「形無し」という言葉もある。本来の姿をそこない、すっかり味をだめにしていることですね。

型破りはいいんです。形無しはいけません。

教え始めたばかりの塾生には、六代目三遊亭円生の落語を聞かせることにしています。「淀五郎」と「中村仲蔵」で、歌舞伎役者の噺《はなし》ですけれども、これはほとんどライター心得です。おもしろい噺なので、みなさんもぜひ、聞いてみてください。

淀五郎は形無しです。才能はあるが後ろ盾のない役者で、偶然、主役級に抜擢《ばってき》されたのが、もううれしくて仕方がない。稽古もおろそかに浮かれている。「形」を覚えていない。

その淀五郎の恩人である名人・中村仲蔵は、型破りです。若いころ、暇さえあれば先輩たちの芸を見て、真似《まね》して、盗んで、さらにそこにない新味を加えて、型を破っていった。だから、役者として生まれはよくないのに、天下の名人になれた。

型があってこその型破りなんです。

ライターでまず覚えなければならない型は、なんと言っても起承転結でしょう。もとは漢詩の作法で、〈「起」で詩意を言い起こし、「承」でそれを受け、「転」で変化を与えて発展させ、「結」で全体を締めくくる〉と、「明鏡国語辞典」にあります。

ここでは、起をフックとしておきましょうか。ひっかけです。三行で撃つのですから、まずは目に留めてもらわなければならない。第1発が、起の解説と思ってもらって構わない。

「承」で終わるジャーナリズムの終わり

承は、起の説明です。丁寧にいきましょう。起の数行で、のけぞらせているわけですよね。そこに続く承では、この原稿でなにを語ろうとしているのか、簡潔に説明しなければなりません。だれが、いつ、どこで、なにをしたか。

時、場所、登場人物、出来事の概要を説明してしまう。5W1Hと言います。「when, where, who, what, why, how」。これが分かればいいんです。

これで終わりです。

いや、ほんとうに。手を抜いているわけではないんです。新聞や雑誌の記事は、これで終わります。ジャーナリズムとはそういうものです。ジャーナル（journal）とはもともと日記、日報という意味です。5W1Hが入っていればいい。記者、ライターの、余計な感想などはいらない。事実だけを淡々と述べる。

注意して読むと分かりますが、新聞や雑誌は、たとえ長い企画記事であっても、承で終わっているものがほとんどです。転の練習をしていないんだから、まあ、仕方がない側面もあります。

しかし、どうでしょう。こういう、承で終わるニュースや企画記事に値段がつく時代は、過ぎてしまったのかも知れません。いい、悪いを言っていません。どちらかというと、悪いと思っている。

ただ現実問題として、5W1Hの事実だけを淡々と述べる文章に、値段がつくことは、どうやら今後、起こりそうもない。いうまでもなく、インターネットの発達のせいです。

大手ニュースサイトはカネを払って新聞や雑誌記事を配信している。しかし、SNSはそんなことしてくれやしません。雑誌や記事をそのまま書き写したり、写真を撮ってアップロードしたり、考えてみれば泥棒みたいなことを、みんな、よくやりますよ。わたしだって何度もされている。

恥ずかしくないのかなとは思うが、それはともかく、何度も言いますが、いい、悪いではなく、この趨勢《すうせい》は止められない。人間は、せこい生き物なんです。

「転」の時代――わたしだけのものは強い

そこで、「転」の時代なんです。転を書けるライターが、生き残ります。もちろん、転を書いていようがなにをしようが、写メは撮られるし、書き写してアップされる。変わりません。

しかし、転を書けるライターには、それであっても注文が来ます。転を書けるとは、換言すれば、〈考えることができる〉ということです。

いまは、ＡＩ（人工知能）が人間の仕事をどんどん代替している時代です。ライターも例外ではなく、たとえばスポーツの試合の戦評などは、スコアブックを使って、ＡＩが見事に書きこなします。人間と違って間違えもありません。

しかし、ＡＩには、転を書くことができません。いや、ＡＩだけじゃない。自分以外の他のライターにも、だれにも書けない。自分の転は、自分しか書けない。そこが最大のポイントなんです。

転とは、文字どおり、転がすことです。起で書き起こし、承でおおかたを説明した事象、この事象を、自分はどう見ているかを書く。そのことで、読者を転がす。読者の常識を、覆す。読者が考えてもいなかった方向に、話をもっていく。拉致する。あるいは、自分が転がることです。飛び抜けた語彙《ごい》、破綻《はたん》した文章、なんでもいいから、なにか芸を見せてくれ。転がってくれ。

文章でもいい。ものの見方でもいい。どちらかで、意表を突く。できれば華麗なバック転が望ましいのですが、毎回そんなことはできないでしょう。であれば、でんぐり返しでもいい。文章か、ものの見方か、なにか見せてくれ。文章をそこまで読んでくれたお客さんに向けての、サービス精神です。

うまく転がることさえできれば、結、つまり結論は、おのずから浮かび上がってくる。指が勝手に動いて、自動的に書いてくれます。わが家に集う若い塾生には、そう、教えていました。

ステップ

言語化すればわたしが進化する

ここで、教えるわたしの方が形無しになっていることに、わたし自身が気づくべきである。

文章か、ものの見方か、どちらかで、でんぐり返しでもいいから転がってくれ。

それで教えたつもりになっていた。しかしその後も、わが塾生たちの記事やコラムは、いっこうによくならない。「でんぐり返し」のその意味が分からないのだということを、わたしが分からなかった。スポーツと同じで、自分ができるプレーを他者に説明するのは、難しい。初歩的なプレーであればあるほど、難しい。

しかし、「スーッと来た球をガーンと打つ」という教え方は、天才・長嶋茂雄だからこそありえる。われら凡人は、「スーッと来る」こと、「ガーンと打つ」ことを、分解し、伝達可能な言語にしなければならない。また、そうやって言語化することによって、自分の理解も深まる。自分の技の切れ味も、鋭くなっていく。

他社の記者やカメラマン、フリーライターに、なぜタダで教えているのか。わたしが必死な若者を好きだということもあるが、それ以上に、人に教えると、自分が学ぶのだ。この本だって、その意味で書いている。

ここでは、読者を「転がす」こと、ものの見方で意表を突く方法を、いささかテクニカルに言語化しようと思う。

初級、中級者は、転の五パターンを知っていれば十分だろう。①古今②東西③逆張り④順張り⑤脱臼。この五パターンである。

転①　古今に深める——AIには思いつけない領域

文字どおり、時間軸を長く考えることだ。できうる限り過去にさかのぼり、昔はどうだったのか考える。明治、大正はもちろん、平安時代、飛鳥時代にはどうだったのか。文献が残っている最古のところまで調べるつもりで、渉猟《しょうりょう》する。

「若者がレジャーに海水浴をしなくなった」というテーマで記事を書くことになった。海に行かなくなったのは、女性だけでなく、男性も日焼けを気にするようになったから。少子化で家族連れの絶対数が少なくなった。海水で体がべとつく、フナムシが気持ち悪い、大音量の音楽で浜辺を占拠するヤンキーっぽい若者が増えて怖い。

普通の新聞記事はだいたいそこで終わりだ。一次ニュースとしてはそれで終わってもいいと思う。しかし、これこそ、ＡＩで書ける記事だろう。レジャーが多様化した？　そんなことくらい、取材する前から分かっている。

そこで、古今を深める。そもそも、「海水浴」という言葉はいつ生まれたのか。日本で最初に海で泳いだ人はだれか。最初の海水浴場はどこにあったか。

海水浴は江戸時代までは民衆の習慣にはなかったこと、最初に泳いだのは西洋人の医者で、健康療法として日本人にも推奨したこと、明治期に居留外国人や日本の上流階層のあいだで広まったこと。それほど苦労しなくても、これぐらいは分かる。

夏目漱石の小説『こころ』で、主人公と先生が出会うのは鎌倉の海水浴場だ。先生はそこへ外国人と海水浴にきている。その情景だけで、先生の社会階層、知的レベルが推察される。海水浴が、そういう道具立てに使われている。

海水浴とは、じつは新しく、外国から輸入した健康法、上流階層の社交場だった。その事実から「日本人のレジャー史を考える」という構えをとれば、コラムは多少

（多少だが）、カラフルになる。

転② 東西に広げる──全集を道具にする

これも文字どおり、空間軸を広げて考えることだ。

橋下徹元大阪市長が、市職員に入れ墨やタトゥーがないか、回答義務つきで調査しようとしたことがあった。たいていの新聞はプライバシー侵害との関係に焦点を当てて書いていた。

それも重要ではあるが、わたしのように、一次ニュースが出そろったあとに書く後続ライターは、転がさなければならない。

簡単に思いつくことだが、日本以外はどうなのか、調べる。

やくざ者の象徴とされていた入れ墨が、じつはヨーロッパの王室のあいだで大ブームになったことがあった。日本から彫り師をわざわざ呼び寄せて彫らせた王族もいた。これも、少し調べれば簡単に分かる。

だから「公務員の入れ墨は許容される」と主張するのではなく、文化の受容に絶対はないと示すだけでいい。揺らす。

ライターでもミュージシャンでも画家でも役者でも、およそ表現者の役割で、「世間に揺さぶりをかける」ということ以上のものは、ない。

そして①時間軸②空間軸を広くとるのに最も有効なのは、ネットではあり得ない。ネットに書いてあることが「転」になることは、ない。道具として全集を使う。とくに柳田国男、南方熊楠、折口信夫の三巨人の全集は必携だ。岩波書店版の漱石全集も必須だろう。余裕があれば、明治文学全集（筑摩書房）にも当たりたい。

これら全集の特徴は、索引が充実していることだ。その事項索引で、たとえば「海水浴」や「海水浴場」「水泳」、あるいは「入れ墨」「彫り物」「やくざ」といった項目を調べる。

誤解してはならないのは、そこに「転」の答えが書いてあるわけではないことだ。ただ、知の巨人たちの頭の中で、いま自分が抱えているトピックがどのように鳴り響いていたのかを知る。そうすると、トンネルの向こうに光が見えてくる。どちらに向けて転がすか、その方向性が見えてくる。答えが書いてあるのではない。自分がどう考えるべきか、転がすべきか、その萌芽《ほうが》が見つかるということなのだ。

これらはどこの図書館にも常設してある基本文献だ。時間はかかるし面倒だが、これをするライターとしないライターとのあいだには、天地の開きができる。

深い穴を掘るためには、どうするか。なるべく小さい直径で、一心に掘り進むか。否。そんなもの、すぐに限界が来る。深い穴を掘るには、直径を大きくしなければならない。深く掘るには、広く掘るしか、方法はないのだ。

転③　逆張り——世論の逆というだけでは浅い

これは簡単で、だれもが試みる。世論の逆に賭けてみる。

芸能人の薬物問題や不倫が発覚すると、悪くすれば芸人生命を絶たれることがある。そのことを、門外漢のわたしが書くはめになった。逆張りで考えるのである。

クスリの、不倫の、なにが悪いのか？

もちろんわたしも、薬物摂取の擁護をしたいわけではない。ただ、クスリや不倫で、なぜこれだけバッシングが起きるのか、不自然ではないのか。逆方向に問題を設定してみる。

過去の芸人では数多くの薬物使用者がおり、勝新太郎のように、逮捕されたあとでもふつうにテレビCMに出ている人さえいた。

勝新は特別の大物だから……。そう考えるのは、正しいのかも知れないが、おもしろくはない。そうではなく、世間が変わったのではないか。世間が、もはや「芸人」

を欲しなくなったのではないか。芸を売って魔界に生きる芸人は、もはやいない。明るい照明の下、ワイドショーでコメントしたり、通販番組で商品を薦めたり。無害無毒な「有名人」がいるだけだ。芸ではなく、有名性によって生きている。

では、その有名性を支えている現代社会の特質はなにか。ひとつは末期的に発展した資本主義であり、ふたつめはインターネットのコピー文化である（二〇一九年五月十四日付朝日新聞「倫理に縛られ、消えゆく芸人」）。

ここまで考えて、ようやく逆張りの形になる。芸能人の麻薬や不倫スキャンダルをフックにして、資本主義や情報化社会の末路に転がす。

転④　順張り——世論と同じは難しい

順に張る。文字どおり、すなおに考える。世論と同じように、主張してみる。これは生き方としては楽だが、転としては、逆張りよりよほど高度な技法だ。

二〇一九年夏に参院選挙があった。著しく盛り上がりに欠けた。論戦は低調。世間の関心は、史上最低レベルだった。

投票の前になにか書けと発注を受けて、わたしの書いた順張りは、「選挙に無関心で、なにか悪いの？」。

選挙に無関心でいいわけがない。言うまでもなく、選挙への無関心は民主主義の死を意味する。

いま、はしなくも「言うまでもなく」と書いた。言うまでもないことなら、言うことはない。いや、言っても、力がない。言うまでもない命題は、新聞、雑誌、テレビにネットと、数多く転がっている。いわく、

民主主義は大切だ。
平和はかけがえのないものだ。
差別は許されない。

こういう、反論の余地のない命題は、真ではあるかもしれないが、弱い。読み手に響かない。あくびされる。書いても、意味がないのだ。

そこでの順張りである。選挙は大事だと思う。いまの政権に満足しているわけではない。しかし自分ひとりが投票しても、大勢に変わりない。意味がない。なにより面倒くさい。

そうした世論の「本音」に、いったん、「その通り」と同意する。大勢に、順張りする。どうせ〈無意味〉な選挙なら、いっそ、〈無作為〉に、くじ引きで議員を選ん

でしまったらどうだろう。古今東西に、そうした例はなかったのか。選挙なんてなくせばいい。そうすると、民主主義もなくなるのか（二〇一九年七月十七日付朝日新聞『選挙は無意味』なのだろうか」）。

逆張りよりも順張りが難しいと先に書いたのは、順張りにはアイロニーがなければ書けないからだ。アイロニーとは、皮肉やあてこすり、反語という意味があるが、ここでいうのは、ソクラテスのアイロニー。自分が無知者となる。世の中なんてこんなもんだと訳知り顔の、世間という〝知者〟に、無知者として質問していくのだ。世間をソフィスト（教師）に見立て、順《すなお》に問いを重ねていく。あなたの言うことが真実でしょうね。その考えをさらに進めると、こういうことになりませんか云々……。「度を越してやり過ぎ、笑いを取る」芸と、同位同相である。

転⑤　脱臼――ユーモアで背中を押す

古今、東西、逆張り、順張りの四つができれば、ライター初級、中級者としては十分だ。おまけでもうひとつ覚えていいのは、脱臼という方法論だ。

脱臼法。「膝《ひざ》カックン」である。話の筋を変えてしまうこと。関係ない話を始めてしまうことだ。

アニメ「巨人の星」の主題歌をテーマにした、長いストーリーを書いたことがある。「思い込んだら試練の道を」と歌い始める有名な主題歌だが、これを「重いコンダラ試練の道を」と聞き間違えていた人がかなり多数いるという話は、あちこちでネタになっている。

ふつうであれば、作詞者に話を聞いたり、当時のスポ根アニメブームについて、書いていくのだろう。わたしもそうした正道のアプローチで始めるのだが、転に至ってどんどん脱線していく。

有名な聞き間違いはほかにもある。「赤い靴はいてた女の子、ひいじいさんに連れられて行っちゃった」「うさぎおいしいかの山」「青も白い虫の声」……。

人は、なぜ聞き間違うのか。日本人の聞き間違いには、ある共通項がないか。聞き間違いをする人間の無意識とはなにか。

精神医学者や言語学者らに大まじめに取材し、まじめに答えてもらう。このときは、新聞記事としては異例の反響を呼んだ。ほぼすべて「大笑いした」という声だった（二〇一六年十一月五日付朝日新聞「重いコンダラ試練の道」）。

本来書き始めた目的とは違う方向に、どんどん脱線していく。そこで重要なのは、〝乗客〟に、脱線していると悟らせないことだ。そのために必要なのが、ユーモアだ。本題と違うことを書いていて、それでも脱線と思われないのは、そこに、ユーモアがあるからだ。哄笑《こうしょう》でも嘲笑でも苦笑でもない。おおらかな、ふと力が抜けるような、生きていく背中を押すような、微笑。

怒りがあり、喜びがあり、悲しみがある。人間はそのつど、眉をつりあげたり、顔をほころばせたり、目を潤わせたりする。微笑は、その表情の三角形の中点にある。いちばん、力が抜けている表情。それが微笑だ。

そしてこの微笑のユーモアこそが、人間の人間たるゆえん、人間のいちばん強靱《きょうじん》な心のありようなのだ。

ユーモア（微笑）。アイロニー（皮肉）でも、ウィット（機転）でもなく。

結は転のお導き

最後にもうひとつ。

転は、年とともに進化、深化していかなければならない。転とは結句、問いを深くしていくことだ。これ以上は考えられない。これは、自分の知る限り、新しい考え方だ。だれも示していない、ものの見方だ。そういう、岩盤にコッンと音がするまで問いを掘り進める。しかし、そのコッンとする岩盤の場所は、自分の年齢とともに、深まっていなければうそなのだ。

巨大な鐘は、小さく突けば鳴らない。動きもしない。大きく突けば大きく響く。だから、鐘を突く自分が、大きくならなければならない。力をつけなければならない。転が人に響かないのは、自分の突きが小さいからだ。あるいは、鐘が小さいからだ。鐘は大きく鳴らせ。「転」とは、鐘の音のことだ。

さて、起承転結の、結には何を書けばいいか。

考え抜かれた転によって導かれた文章を書くのである。書き始める前に結が〈あった〉わけではない。書き始めるまでは自分でさえ考えていなかった文章が、指の先から出てくるはずだ。結論は書き始める前には自分にも分かっていない。そこが、文章を書くことの急所だ。

結論は、常に、すでに、あるのではない。結論とは、鐘の音が響いてこだまする、山のざわめきだ。

第7発　共感させる技術

——響く文章は、説明しない。

ホップ

押し売りの感情は響かない

ふだんは山の中に住んで猪や鹿を追っていますから、たまに人里に下りると、むしょうに映画館や芝居小屋に行きたくなります。

しばらく都を離れているあいだに、東京は映画ファン垂涎《すいぜん》の地になっていました。名画座がいくつもできて、洋邦の古典映画をたくさんかけている。そして、平日の昼間からけっこう人が詰めかけて盛況です。

わたしは、とくにサイレント映画を見逃さないようにしています。セットも照明も音響も、いまの映画技術からすればおもちゃみたようなもの。特殊効果も児戯《じぎ》に等しく、ＣＧだのＳＦＸしか見ていない現代の観客には、少し厳しいかも知れませんね。

ところが、そんなおもちゃみたいな技術で、人の心を揺さぶるんです。

貧困に差別に暴力と、「素晴らしくない」ことばかりが起きる映画「素晴らしい哉《かな》人生」（Ｄ・Ｗ・グリフィス監督）では、絶望のラストシーンで、主人公の女性が、なんとも愛らしい笑顔を浮かべます。

「だって、あなたとわたしは、まだこうして生きているじゃないの」

つつましやかに、そう、笑う。人間の尊厳の、底の底に横たわっている微笑み。

子供に大人気のピエロが、じつは冷血で酷薄な暗殺者だったという映画「スピオーネ」（フリッツ・ラング監督）でも、ラストシーン、ピエロが笑います。人間の暗部の、底の底が割れたような、世界への嘲笑。

こういう「笑い」は、いまの俳優にはできないかもしれません。技術に慣れきっているから。音楽と照明と大がかりなセットと、ときにはＳＦＸ効果で笑っている。口元だけの笑いになってしまう。

ビリー・ワイルダー監督の名作「サンセット大通り」でも、サイレント時代の大女優が「映画はトーキーになってだめになった」と嘆いています。

小津安二郎の映画が好きな人にとって、いまのテレビドラマなど、見られたものじゃない。わずらわしくて仕方がないんです。ここで泣け、ここで感動しろ、ここで怒れと、画面が押しつけてくる。俳優の大げさな演技で、カメラワークで、音楽で、照明で、これでもかというように押し売りする。

響く文章はエピソードで語る

長々と映画の話を書いていますが、これは文章にもそのまま通用するからなんです。ト書きはうるさい。押し売りは、しらけるんです。

よく新聞や雑誌、テレビの原稿で〈……と、○○さんは憤った〉とか、〈……と、涙を浮かべた〉とか、見かけます。少し工夫して、〈肩をふるわせた〉、〈唇をかんだ〉。視線を落とし、目を赤くし、でも、前を向く。

テレビドラマなら、バックグラウンドミュージックの音量が大きくなるところです。みなさん、ここで怒ってください、ここは泣く場面ですと、筆者が読者に合図を送っているんです。

これは、いかんでしょう。額にげんこつで「ここ、笑うところです」の芸が許されるのは、先代林家三平師匠だけです。創業者なんだから。

われわれは、感情を文章で説明してはならない。（笑）なんて文中に使うライターは、下の下です。筆者の感情をト書きで読者に伝えようなんて、怠慢かつ傲慢《ごうまん》です。読んでいて、読者が自然に怒ったり、泣いたり、笑ったりするのでなければ、文章なんて書く意味はない。うるさいだけです。

われわれは、「説明しない技術」を、どうしても身につける必要がある。

言葉をかえましょうか。

〈論〉ではなくて、〈エピソード〉に語らせる。場面に語らせるんです。

わたしでもまじめに政治取材をしていた時期があって、ゲーム感覚で結構はまっていたんです。新聞記者として初任地だった川崎市の市長選挙では、毎朝毎晩、関係者の家を襲って取材していました。国会議員に地方議員、労組幹部、経済界の重要人物ら、複雑な人物相関図を解きほぐしていく。そうした取材結果をまとめたノート、「夜回り帳」は、十冊以上になった。だから、自信はあったんです。取材は尽くしていると。

そんなとき、東京の社会部からベテラン記者が二人、応援にきた。一人は、社会部でも名文記者として名を馳《は》せていた人でした。わたしが彼に情報をあげ、最初の原稿も書いて、アンカーとしてその記者が直す。

そのアンカーから「場面はないの?」と、打ち合わせの場でよく聞かれました。そのときは保革対決の図式になっていて、自民党候補に対抗し、当時の革新・中道陣営が結束して戦えるかどうかが焦点になっていた。一部の党には共産党アレルギーが強く、その動向が鍵になっていました。

共闘が危ぶまれる、そういう場面はないのと聞かれるのですが、わたしは自分の取材ノートを取り出して、この日の夜回りで誰がこう言った、彼がこう話したと、アンカー役に説明するのです。

アンカーは「そうじゃなくてさ」と言う。そうじゃなくて、場面はないのか、と。

わたしはその意味が、しばらく分からなかった。わたしの原稿は、ほとんど跡形もなく直されました。連載が社会面に掲載されたあとも、それでも分からなかった。「場面って、なんだよ?」と。取材はしている、情報は、きちんとあげているはずだと。

意味が分かったのは、数年もしてからでしょうか。一部が共産党にアレルギーをもっている。そのアレルギーを、克服はしないけれども妥協して、歩み寄ろうとしている。その場面を、政治家や労組幹部の言葉による説明ではなく、いきいきした動きで書きたい。会議での声のトーン、握手の仕方、目線。なんでもいいんですが、そうしたちょっとしたしぐさを見逃さない。つまり「場面で語ってくれ」。

いま整理すれば、そういうことだったんでしょう。


説明するな、というのはそういうことです。

怒っている人を、「怒った」と書くんじゃない。悔しがっている人を、「悔しがった」と書くんじゃない。怒っていること、悔しいことが読者に分かるような、場面を見つけるんです。エピソードで描くんです。

それも「肩をふるわせた」とか、「唇をかんだ」とかいう常套句ではなくて、ですよ（第4発）。だいたい、ほんとうに怒って、悔しい人は、肩をふるわせたり、唇をかんだりしません。

ほんのささいな動作を、口調、表情の変化を、目を皿のようにして探すんです。空気の微細な流れを、感じとるんです。その感性の鋭敏さが、トーキー映画の、あの言葉を介さないでも伝わる演技と共通する。世界の底が割れたような哄笑、人間の尊厳の、底の底に残る微笑になる。

探してください。

冗談が分からない人のために、念のため。「目は皿」になりませんから。怠惰なごまかし＝うそです。

ステップ

エピソードを書くために大切なたった一つのこと

場面で書くためにはどうすればいいのか。答えは一つ。
五感を使う。五感で世界を切り取る。
取材は、視覚に偏重されがちだ。目の前で起きたことを、なにひとつ見逃すまいと目を見開く。もちろんそれは必要だが、十分ではない。ただ見るだけではだめだ。

見て、そして、正確に書く。

創作に於《お》いて最も当然に努めなければならぬ事は、〈正確を期する事〉であります。その他には、何もありません。風車が悪魔に見えた時には、ためらわず悪魔の描写をなすべきであります。また風車が、やはり風車以外のものには見えなかった時は、そのまま風車の描写をするがよい。風車が、実は、風車そのものに見えているのだけれども、それを悪魔のように描写しなければ〈芸術的〉でないかと思って、さまざま見え透いた工夫をして、ロマンチックを気取っている馬鹿な作家もありますが、あんなのは、一生かかったって何一つ摑《つか》めない。
（太宰治「芸術ぎらい」）

わたしは全国紙で「アロハで猟師してみました」という連載をしている。主要登場人物に、「ギャル原」というキャラクターがいる。実在の若い女性記者なのだが、キャラ名通り、丼飯三杯は軽くいける大食いであり、男よりよほど頼りになる働き者だが、深くものなど考えたことのない無思想仮面でもある。
ギャル原を含めた塾生を集めて、罠にかかった子鹿を殺生する場面を書いた。いたいけな、かわいらしい子鹿に、刃物を突き立て、屠《ほふ》る。男たちは、あまりのショックに声も出ない。連載のクライマックスであり、厳粛な場面だ。

〈いまわの際。真理男がわざわざ活字を作らなきゃなんないような素っ頓狂な叫びをあげ、けものの絶命の声はかき消された。（略）青ざめた男たちは言葉もない。大食いギャル原だけが、「わたしは何キロいただけるんでしょうか」みたいな無思想の笑顔で、ペンチやワイヤの道具を片付けに走り回っている。〉

初稿の段階ではおそらく「ニコニコした満面の笑みで」とでも、わたしは書いていたのだろう。「満面の笑み」というのがすでに常套句（第4発）でだめだが、「ニコニコした」も擬態語（第5発）でいけない。

それよりなにより、正確でない。

そのときのギャル原の笑みは、物怖《お》じしない、というだけでは描けていないものがあった。命をとること、そして自分が生きることに、なんの後ろめたさも覚えない、現実主義で、センチメンタリズムを欠いた、ただ単に、いままでしたこともない労働にすなおに興奮している、胆《きも》のすわった、前のめりの、無思想の微笑。

その場を指揮していたわたしは、この笑顔をこそ、書きたいと思った。そのときのわたしに見えた、最大限に正確を期した表現であった。

風車が悪魔に見えたのなら、迷わず悪魔と書け。〈正確を期する事〉。これだけだ。

視覚だけに依存しない――フル稼働する内田百閒の五感

文章はどうしても視覚に偏重されがちだが、五感すべてを研ぎ澄まさなければならない。音、におい、さわり心地、場合によっては味をみる。なめてみる。

ニューヨークに住んでいたことがあり、このとき、アメリカ四十三州、二百の市や町を訪れた。気のふれたように取材した、というのは正確ではなく、遊び狂った。

見知らぬ土地に行くと、夜は、観光名所になっているようなレストランは訪れない。地元民しか行かないローカルなバーを見つけ、酒を飲む。バーに入って最初に気づくこととは、なんだろうか。

わたしの場合は、なんと言っても音楽だ。どんな音楽が流れているのか。ロックなのか、カントリーか。あるいはブラックミュージックか。そうであるならば、何年代のソウルやブルースやR&Bなのか。

文章にするとき、場に流れる音楽を表現することで、土地柄や客層、人種、年収、おおよその政治的な傾向までが語れる。土地や人と、音楽が強固に結びついている。それが、アメリカ大陸だ。

内田百閒に「山高帽子」という短編がある。主人公の学校教師は、金銭上のもめごとから窮地に陥り、「自殺でもするのではないか」と友人に心配される。少し精神を病んでいるようにみえる。そのくせ当人は案外平気で、借金取りから逃げ、無断で学校の授業を休み、ふた月ほど中国地方をうろついていた。

自分の本心を欺いていると云うかすかな自識はあったにしろ、兎《と》に角自殺する程に思いつめた事もなく、又自分の気持にどこか食い違ったらしいところもあって、当時の一切の事が、何となく他人事《ひとごと》のようにばかり感じられていた。

しかし、その間にただ一度、ある夜伯耆《ほうき》の米子の町外れを歩いていたら、真暗な道の傍《かたわら》に不意に思いもかけない浪の音を聞いた事があった。丸で不案内の土地だったので、現にその繁吹《しぶき》を浴びるまでは、漠然ながら反対の方角にあるものと考えていた海の音を、いきなり脚下に聞いた時の事を思い出す。

海に飛び込むまで、あと一歩。これが落語なら、影の薄い、生気のない、青い顔の男が、松の根元に立っていることだろう（「死神」）。

頭から冷や水を浴びたような、ぞっとする文章は、まずは〈聴覚〉によってもたらされている。日本海の、うねりをともなった暗い海の、遠くから響く轟音。〈触覚〉もある。顔にふりかかる波のしぶきの冷たさに、われに返る。一歩、後じさる。〈嗅覚〉〈味覚〉も、文章に染みこんでいる。正気を取り戻したときの、海の香り。しぶきを浴びた顔の塩気。現世に、あと一歩のところで、踏みとどまった。

月が、さえざえと青光る。

五感を磨き抜くのだ。書きたいこと、自分が書こうとすることを、五感で受け止めるのだ。涙にゆれる瞳も、怒りに震えた唇も、正確な文章ではない。だれかが書いた、既製の五感だ。

五感を他人にゆだねない。ライターに必要なのは、正確さに対する、偏執的なこだわりだ。

第3章

ライターの心得

第8発

ライターになる

――誰にでもなれるが、なれないのはなぜか。

ホップ

甘えない――文豪たちの行商と覚悟

こうみえても、フリーライターを何人か育てたことがあります。育てるというと偉そうですが、職業経験のない学生さんを含め、ど素人をフリーライターとして羽ばたかせた経験が、十人近くあるんだから、多少は言わせてもらいます。

ライターになりたい人はいつでも一定程度はいるようで、よく聞かれるのが「どうしたらライターになれるんですか?」。わたしの答えはいつでも同じ。

ライターになるには、ライターになればいい。

本気で言っています。

ライターになるには、ライターになればいい。記事を書けばいい。記事を書いて、どこかの編集部に持っていく。売り込む。わたしは「行商」と言っています。原稿を背中にかついで、買ってくれる人のところに売りに歩く。近郊農家のおばちゃんが、野菜を背に負い東京のお得意さん宅へ売って歩く姿を、昔はよく見かけたものです。ライターも、あれと同じ。いや、同じであるべきなんです。

国家試験があるわけじゃない。名刺を作り、肩書に「ライター」と入れ、雑誌でも書籍でもネットでも、いろいろある編集部を訪ね歩くんです。

新聞社や出版社の社員記者だって、ほんとうは同じなんです。わたしのところには、社員記者からもけっこう相談がきて、「書きたい記事を書かせてもらえない。書いても使ってもらえない」なんて泣き言をいう子がよくいるんです。少し厳しいんですが、笑わせちゃいけないよと、そう、応えます。

社内だって、行商です。いま自分のいる部署で使ってもらえないなら、別の部署、別の紙面に、企画を持っていけばいいんです。企画が面白くて、取材が徹底していて、文章がよければ、買われるものです。社内でもだめだったら、外に飛び出せばいい。原稿料の多寡の問題はありますが、熱意があって、書いているものが面白ければ、どこかで買われます。世の中、そうなっているんです。
太宰もチェーホフもプルーストでさえも、行商していたんです。まして、天才でないわれわれは、あたりまえです。

「ものを書かなければならない。それから、ものを書き続けていかなければならない」

「人はどのようにして作家になるか（略）自分の書いているものへの信念をけっして失うことなく、辛抱強く、執拗《しつよう》に書き続けることによってである」

（アゴタ・クリストフ『文盲』）

亡命して故国ハンガリーを離れ、母国語ではないフランス語を習得し、自分にとっての外国語で、小説を書いた人です。クリストフの覚悟の前に、わたしたちのすべての泣き言は、甘えです。
作家は、作品を書けばいいのです。ライターは、記事を書けばいいんです。作品を書いているあいだは、作家なんです。記事を書いているあいだだけ、ライターなんです。書かなくなったら、そのときは作家が死滅したのです。

世間は捨てず、世間に惑わず

森鷗外は、終生、官僚でもありました。陸軍の医監で、役所仕事をやめて作家に専念したことは、ついぞありません。二足のわらじです。作家の仕事がだいぶ間遠になり、文学界から忘れられかけたことがあります。

兎角《とかく》する程に年月が立つ。僕は役所へ往ったり来たりするうちに、髭に白い筋が殖えて、内職の文藝も耕さない荒地のようになった。「彼は文壇を去った」「彼の時代は過ぎ去った」と一度書かれ二度書かれするうちに、いつか有れども無きが如《ごと》く、生きていても死んでしまったようになって、たまたま新聞なんぞを手に取って見ると、何某の時代にはこうであったという、昔話の中に自分の名が出て来る。

（森鷗外「大発見」）

少し沈黙していると、死んだものにされてしまう。そして、なにかの拍子に書いたら書いたで、今度は黙殺される。自分以外の、寝言のような作品にでも批評は出るのに、自分の書いたものだけ選《よ》ったように、批評が出ない。黙殺される。

鷗外でさえこうなんです。われわれが、世間に忘れられたり、黙殺されたり、冷笑されたり、「あいつも終わったね」と勝手に死亡宣告を受けたりするぐらいが、なんですか。

世間というのは、そういうものです。また、世間を離れて、ものは書けないんです。世捨て人とは、世間を捨てた人ではありません。世間に捨てられた人です。

ライターは、作家は、世間に向けて、他者に向けて、書くんです。なんとも音がしない、ブラックホールのような深い井戸に石を投げ込むのであっても、絶えず、倦《う》まず、石を投げ込むんです。ゆっくり行く者は、遠くまで行く。歩くように、息をするように、健やかに、今日もまた書き続ける。石を投げ続ける。

そして世の中のだれかが、石の落ちる音を聞いてくれているものなんです。その石が、真摯《しんし》な石であるならば。「なにかうちにも書きませんか」と声をかけてくれる人が、必ず現れる。

この本が、いい例です。

ステップ

おもしろがる――無理をしてでも

ライターになるには、書けばいい。

それがわかったところで、ではなにを書くのかという問題がある。

企画のつくり方については第14発で書くが、本節では、それに先立つ準備運動をふたつ、基礎トレーニング方法を書いておく。

ひとつめは、感性の力を高めるトレーニングだ。

ライターになるとは、つまり、感性を研ぎ澄ませることだと言い換えてもいい。世の中には、悲しいことも、怒りを覚えることもある。同時に、楽しいこと、つい笑ってしまうことにも、あふれている。ブッダは「世界は美しい。人生は甘美だ」と言い残して亡くなった。世界はカラフルなのだ。

もしも世界が単色で、人生がつまらないのだとしたら、それは、あなたのせいだ。世界のせいではない。あなたが悪いのだ。あなたの感性が、鈍っているのだ。

無理して、努力して、おもしろがる。ライターには、そういうむちゃな思い込みが、どこかで絶対に必要だ。

一時は古くさいと思われ敬遠されていた歌舞伎は、いまや若い女性にも大人気で、チケットを買いづらい。しかし、歌舞伎は好きなのに、浄瑠璃や能は、見たことも聞いたこともない人が多い。

ましてや、長唄、常磐津、清元は、大半の人がさっぱりだろう。しかし、長唄、常磐津、清元にも、ファンはいる。習いに来る人もいる。なにか、自分の知らない魅力を発見しているから、時間もカネも使って習いに来ているのだ。

落語は相変わらずの人気だ。しかし落語が好きなのに、浪曲や講談、説経節は聞いたこともないという人が多い。これは、おかしいことなのだ。落語は、それら芸能から多大な影響を受け、かつ与え、発展してきたものだ。

Jポップは好きなのに、洋楽はまるで聴かないという人が、もはや若い人では大半なのだという。致命的な不勉強というほかない。いち音楽ファンならばともかく、なにがしか文章を書こうとする人間が、ジャズやラテンや、ブルースやソウルやロックを聴かないでどうするのだ。もちろん、クラシックも同様だ。

見て、聴いて、読んで、すべてを好きになれとは言わない。そんなこと、できるわけがない。しかし「ここが魅力なんだろうな」と、了解できるところまでは、いける。

あきらめない――好きになれなくても

わたしの書籍デビューは『リアルロック』(三一書房)という本で、日本のアンダーグラウンド音楽を対象にしたものだった。ハードコアパンクにデスメタルにテクノと、それぞれ音楽を聴き、好きになり、ある程度「わかった」という納得がないと、音楽評論など書けるものではない。

そのうちもっとも手強かったのが、「ノイズミュージック」というものだった。それは文字どおり、ノイズ(騒音)だ。メロディーもリズムも、和音も、なにもない。音楽という様式から離れていくのが、ノイズ〝ミュージック〟だ。

わたしはふつうの人より音楽好きで、だから本など書いたわけだが、音楽好きが、「音楽という様式から離れていく」なにものかを好きになるというのは、なかなか難しいものがある。しかし、小さなライブハウスに、それでも、数人の客はいる。熱心に、食い入るように、そのノイズミュージックのパフォーマンスを見つめている。楽しんでいる。

と、いうことは、必ずなにかはあるのだ。いまだわたしの感性ではとらえられないだけなのだ。

それを、好きになれとは言わない。しかし、いやしくも文章を書きたいと思っている者、ライターになりたい者ならば、分からないといけない。なるほどこういうことかと、自分で納得もし、家族や友人、親しい人に説明してあげられるくらいには、言語化できなければならない。

世の中のすべての事象、おもしろい現象に、感性を研ぎ澄ませていなければならない。貪欲《どんよく》でなければならない。自分がいまだその魅力をとらえていない、言語化できていない物事は、世界のあちこちにある。そこに、鼻を突っ込む。おもしろいこと、おもしろい人に対しては、きわめて「greedy」でなければならない。

そうした「感性」は、鍛えることができるというのがポイントだ。なにかを好きになるのも、じつは、練習なのだ。

質問力を鍛える

ふたつめの基礎トレーニングは、質問する力を磨くことだ。

いい質問さえできれば、取材などほとんど終わっている。そしてすぐれた質問とは、事前の準備がもちろん大切なのだが、それだけでは出てこない。取材の現場で、突如、現れるものなのだ。

たとえば新著を出版した著者にインタビューする。本を事前に読んでおくのはもちろんなのだが、その本に書いてあることしか聞き出せないなら、失敗だ。書いてあるのだから。インタビュー記事など必要ない。本を直接読め。

書いてあるその先を、著者自身がそれまで考えてもいなかったことを語り出すのでなければ、お互いにとって時間の無駄だろう。

どうしたら、インタビュアーもインタビュイーも、どちらも予想していなかった話になるのか。

本を入念に、徹底して読み込み、質問を精選して用意しておく。当然の準備だ。また、そうやって苦労して作った質問は、あらかじめ答えが予想できるということが、ことの本質だ。答えの予想もできないような質問は、愚問である。考えていない。調べ尽くしていない。それだけのことだ。

ただ、調べ尽くし考え抜いた入念な質問をしていると、取材者の予想を裏切る答えが返ってくるときがある。被取材者も、驚いている。顔で分かる。自分で話していて、自分で驚いているのだ。

その、驚きの瞬間を逃さない。鉱脈に当たったのだ。小さな音を聞き逃さない。あなたがいなかったら語られなかったかも知れない言葉を拾うのが、ライターだ。

なれあいは見ちゃいられない

取材相手はそのとき、自分でも「へんなことを話し出した」と思っている。驚いている。そこに、二の矢、三の矢を放つのがインタビュアーの仕事だ。ツルハシが鉱脈に当たった音を聞いたら、そこを掘り返す。何度も、深く、掘る。

同じ質問をただ繰り返すのは逆効果だ。せっかく招喚された、だれも予想していなかった答えが、引っ込んでしまう。

同じことを聞くのでも、質問の表現を変える。違うことを聞いていると、取材相手に錯覚させる。その質問の表現を頭の中で組み立てるために、時間稼ぎとして、あらかじめ用意しておいた別の質問を、取材相手にぶつけている。答えなど聞いてやしない。心ここにあらず。質問者は、角度を変えた聞き方を、頭の中で組み立て、ノートに書いている。そして、時間稼ぎの質問が終わったら、あらためてぶつける。二の矢、三の矢を放つ。一回の取材で、鉱脈に一回当たればそれで十分だ。

取材者と被取材者が「そうそう」「それ、分かる」となれあうロッキンオン話法は、読みたくもない。取材対象とライターがどれだけ仲がよいか、分かり合っているか、そんなことは読者にはなんの関係もない。取材対象は、友達じゃない。

質問しろ。同意を求めるな。疑問形で聞け。

英語話者は、基本的に、必ず疑問形で質問する。最後にクエスチョンマーク「？」がつくかたちで、問う。日本語の質問の多くは、疑問形になっていない。平叙文になっていることに注意が必要だ。

英語で取材をするようになっていちばんよかったことは、じつはここだ。質問は、必ず疑問形で終えることが習慣になった。そして疑問は、新たな疑問を呼ぶ。世界に必要なのは、世界を変えるのは、世界の見え方が変わるのは、けっして答えではない。

世界を変えるのは、問いだ。問いを作れる人が、ライターだ。

第9発 説得する技術
——メール上手は幸せな人生を送る。

ホップ

文章操縦力が高い人は成功する

文章を書くというのは、きわめて高度な知的活動です。それは、たとえば外国語の学習を考えれば分かります。英語を聞くのはたいへん難しいことですが、あきらめないで勉強していれば、また、ＣＮＮ等のニュース番組であれば、比較的短い時間で聞き取れるようになります。

話すこともなんとかなります。日常会話での使用単語は、七百語くらいといわれています。

ところが読むことになると、ぐっと難しくなる。外国語の本を、辞書を引かずにストレスなく読み進むには、まず、単語一万語を覚えていることが必要でしょう。

しかし、辞書なくして本を読み進めることができるようになっても、書くことはできない。片言で、なんとか自分の意思を表すことはできますが、ネイティブが読んで違和感のない自然な英語は、書けない。

日本人が自然な日本語を書くのも、だから、苦労してあたりまえなんです。そのうえ「うまい」といわれる日本語を書くことは、至難の業だ。そしてとびきり難しいからこそ、書ける人は有利です。いやな言葉ですが、出世します。どの世界でもトップにいる人は、きわめて文章操縦力の高い人です。ビジネスだけでなく、アーティストも、じつは、アスリートや格闘家でもそうなのです。トップ中のトップは、間違いなく、文章家です。例外は政治家だけです。

まとまった分量の文章を書くのは、いまではメールがいちばん多いでしょう。そういう意味では、うまいメールを書ける人こそ、出世する人です。仕事を任せられる人です。人は、人生のほとんどの時間を、仕事をして過ごしています。仕事が楽しい人は、すなわち、人生が楽しい人です。

せいぜい、上手なメールを書かなければいけません。

落とせるラブレターの書き方

さて、上手なメール（＝手紙）を書く人とは、だれでしょうか。まず、編集者をおいてほかにありません。編集者とは、作家、ライター、記者と一緒に、書籍や雑誌、新聞を作る人です。

作家やライターをピッチャーだとすると、編集者はキャッチャーです。そして、ピッチャーを生かすも殺すも、キャッチャー次第です。

そのなかでも、本を作っている編集者はとびきり優秀なキャッチャーが多いです。なにしろ本を作ろうというのですから、相手は一流の作家やライターです。文章の練達の士です。その人に向かって、メールや手紙を書くわけです。文章によって、文章の達人を口説くんです。編集者の手紙が、下手なわけはありません。

この本の編集Lilyとわたしは、初めて仕事をする仲です。最初にもらった仕事の依頼は、手書きの立派な書簡で、隅から隅まですきがなく、いかにも「できるな」と思わせるものでした。わたしが言うところの「三手詰め」になっていました。

手紙でもメールでも、こちらが三手動かすことで、相手玉を詰まさなければならない。相手を口説き落とさなければならない。将棋では相手も駒を動かすので五手詰めといいますが、ここは便宜上、メールの三手詰めと名付けます。

一手目　自分はあなたを知っている

なにをあたりまえなというなかれ。これが書けている人は、ほとんどいません。仕事を依頼する相手の本や記事、発言、相手が会社員ならば先方の仕事内容を知悉していて、しかも、ある程度の期間を継続して興味を持っていることを、具体的に知らせなければならない。

　依頼対象が忘れているような過去の仕事も含め、「あなたを知っている」と伝える。仕事を具体的にあげ、感銘を受けていることを、短くて的確な言葉で表す。

　お世辞を言えというのではないのです。逆。みなが書きそうなことは書かない。依頼相手が、かつて言われたこともないような、新しい視点からの「評」を添える。つまりは常套句を廃せ（第4発）ということだし、五感を使え（第7発）ということです。

二手目　自分はこういう者である

自己紹介ですね。自分の会社名、部署や肩書はもちろん、いままでどういう立ち位置で仕事をしてきたか、いま現在はどういう問題意識をもっているのか、「自分語り」はなるべく簡潔かつスピーディーに、必要な情報だけを、しかし相手を納得させるに十分なインフォメーションを与えます。

三手目　したがって自分にはあなたが必要だ（あなたにも、自分は有用だ）

一手目、二手目の、論理の帰結として、いま、わたしはあなたを必要としている。こういう問題意識をもった自分にとって、あなたに話を聞きたいと思うのは必然だし、あなた以外に話をする適任者がいるとは思えない。そこまで思わせなければ、だめです。

メールもそうですが、初発の熱量がすべてなんです。どうしても創りたいという思い、この場合はどうしてもあなたと仕事をしたい、話を聞きたいのだと、そういう熱を感じさせられるかがすべてです。

そしてその熱を、単に「あなたと仕事がしたい」と書いてはだめです。論ではなく、エピソードで語らせる（第7発）。三手目に至る過程で、自分にはあなたが必要であること、そしてあなたにとってもこの仕事を受けることで新たな可能性が広がることを、説得的に、事実で、場面で語る。

あなたを知っている→自分はこういうものだ→だからふたりは会うべきだ

表現とは、言語とは、本質的に〈他者〉を必要とする、なんらかの行い（ゲーム）なんです。

ステップ

わたしのエゴより相手を想う

三手詰めの前の、大前提がある。

仕事を頼む相手は、つねに、世界一忙しい人だと思え。

世界一忙しい人に出す依頼状であるからして、手紙でもメールでも、冒頭に時候のあいさつはいらない。意外に知らないライターが多い。

逆に、最初の依頼メールから省いてはならない情報もある。①自分はだれにメールアドレスを聞いて連絡しているのか②取材、面談を希望するおおまかな日程③謝礼、ギャラが発生するのか、発生するならいくらか。

日程とギャラについては、「あるいは失礼とは思いますが」と前置きして、しかし最初から書いておく。取材相手に問わせることは、失礼だ。最初からカネの話をするのは、無粋でもなんでもなく、必須事項、むしろ礼儀だ。

わたしは三十年以上、ライター、編集者として仕事をしてきて、三手詰めのメールで会ってくれなかった人は、ほとんどない。中央政界の疑獄事件で逃げ回っている代議士や、贈賄側の理事にも、手紙を書いて会ったことがある。

しかし、三手詰めのメールを書いても、それでも受けてくれない人は、いる。その場合は深追いしない。事件取材なら話は別だが、平時の仕事依頼である場合、三手詰めメールで肯《がえ》んじてくれないには、それなりの理由があるものだ。

ほんとうに、物理的に時間がとれない。これが第一。

あなたのメールに感心したし、取材を受けたい気持ちもあるが、いまそちらのメディアと係争を抱えている。あるいは主義としてそちらのメディアとは仕事をしないと決めている。悪く思わないでほしい。これが第二。

端的にあなたの提案・依頼には興味がない。これが第三。

第三の理由は空振りの中でも手ひどい空振りで、大いに反省するべきものだ。一手目で「あなたのことを知っている」と書いていながら、じつは大して知らなかった、あるいは読みをはずしたということなのだから。

行きずりの関係はわびしい

最後に、人間を、甘く見るな、ということだ。

一回限りの関係を求めて近寄ってくる人は、すぐに分かる。だから相手も、ギャラや時間を勘案し、会う、会わないを決める。

言うは易《やす》く、行うは難しの典型だが、一回限りの関係を求めて近づく人間になってはいけない。一生付き合うという覚悟をもって、仕事は申し込むべきなのだ。

わたしも、仕事が終わったあと、手紙やメールを書き続ける取材相手が、何人もいる。高齢で身寄りがなく、生活の面倒を見ている人さえいる。

きわめて大事な仕事相手であり、またじっさい尊敬してもいる写真家に、週刊誌の仕事で二年間、濃密に付き合ったことがあった。週刊誌が校了すると、毎週、必ず作品の感想を手紙で送っていた。写真を見ての感想だから、似たような文言になりがちだ。同じことを書かないよう、自分の文面をコピーしてとっておいた。手紙は百通を超えた。

あとで聞いたが、写真家は、書状をとっておき、きれいに装丁してスクラップしていてくれたのだという。

勘違いしないでほしい。打算でしているのではない。尊敬からしている。

しかし、心からの尊敬も、かたちにしなければ、言葉にしなければ、伝わらない。言葉にならない感情、言葉に落とせない思想は、存在しない。言葉にならないのではない。はなから感じていないし、考えてさえいないのだ。

この本の主張の、根幹であり、要諦《ようてい》であり、最初で最後だ。

第10発
一人称・読者の設定
——だれが書くか。だれに書くか。

ホップ

「おれ」か「わたし」か——自分とはだれか

文章は、だれが書くか。
「自分に決まっているだろう！」と脊髄《せきずい》反射する人は、少し落ち着きましょう。そもそも文章を書くという営為は、「〇〇に決まっているだろう！」というおっさんくさい断定を覆すこと、ひびを入れることです。ものを書くとは、世界に風を吹き込むことです。

まず最初に、わたしが新聞に書いたコラムを読んでもらいます。なにもこれが名文の見本というつもりで掲げるのではなく、本節の主題にかかわるからです。

〈新聞で「おれ」という一人称を使うのが夢だった。そもそもおれが入社したころは、記者が記事にしゃしゃり出てくること自体、きつく禁じられていた。本欄みたいな記者コラムでも一人称はせいぜい「記者」「筆者」どまり。最近は風向きが変わったのか、「僕」や「私」がやたらと顔を出す。（略）

いずれにせよ、いつかこのおれが第1号のおれ様になってやろうと機をうかがってきたのだ。おれおれ主義という（つまらん）。さすがに新聞では難しかったが、サイトの連載コラムで、おれはおれを名乗ることに成功した。（略）

そんなおれが最近はまっているのが、ゴンブローヴィッチだ。昨年、生誕100年を迎え（略）、代表作が立て続けに翻訳されたポーランドの孤高の作家。（略）

訳者は違うが（略）、しかし一人称が「おれ」なのは共通していた。国にも宗教にも知の伝統にも、すべての権威に不服従だった永遠の反逆者には、確かに僕も私も似合わない。〉

「おれおれ詐欺」が流行していた時代に、「おれおれ主義」を思いつき、そのギャグ一発で書いたという、賞味期限つきのコラムでした。失礼しました。

ただ、いま読み返しても、一人称の重要性に気がついているところだけは、この筆者にも見どころがあるのではないかと思います。

一人称は、人が思うよりも、ずっとたいせつです。

日本語の一人称

一人称のバリエーションが豊富なのは、日本語の特性です。思いつくだけで、僕、ぼく、ボク、私、わたし、俺、おれ。「筆者は……」「自分は……」という一人称もあります。まれに、わたくし、あたし、あたい、おいら、わし、小生……。

一人称に「わし」を選ぶと、苦労しそうですね。狙いすぎです。わしというキャラクターに引っ張られすぎて、かえって文章の自由度を失う。おいらだと、いまはビートたけしのまねにしか聞こえません。

あえて一人称を書かない新聞記者やルポライターもいます。記者は、事実の前に謙虚であるべきだ、主観を排するべきだということなんでしょうが、一人称を絶対に書かないと決めている文章を読むと、かえって記者の存在が鼻につくように思えます。不在が、存在を強調するんです。

ところでわたしの場合、ここ十数年、一人称は「わたし」に統一しています。以前は「僕」が多かったです。思うところあって変えました。

と、いっても、たいした理由ではない。

以前、新聞の仕事で文芸批評家を取材したことがありました。取材を終え、コメントをまとめて紙面にしたのですが、うっかり、自分の手癖で一人称を「僕」としてしまった。自分と年齢が同じだったこともあり、また、取材のあいだはじっさい「僕」と発語されていたので、よかろうと思ったのです。掲載後、「自分は、書き言葉で僕は使わない」と指摘を受けました。「私」にしてほしかったと、苦言をいただきました。

なるほど、彼の著作をよく読めばその通りです。深謝して許されました。のち、その人物は文名が上がるにつれて訴訟魔で知られる人にもなりました。危ない危ない。

それはともかく、その文芸批評家が「僕」を使わない理由は、「三十歳を過ぎた男が『僕』だなんて、甘ったれてる」というものでした。

筋は通っています。

一人称のパワー――「わたし」という実存は揺らぐ

わたしの場合、四十歳に近づいて、「僕」を避ける理由が、身体的によく理解できるようになりました。ある本を出版するのを機に、「僕」は一切、やめました。そうすると、不思議なことが起きた。一人称を変えただけなのに、文体が変わったのです。「僕」なら平仄《ひょうそく》の合っていた語尾が、とたんに調子が悪くなる。そして語尾を変えると、文章全体のリズムも変わります。文章全体を見直すほか、なくなる。

文章全体を見直すということは、つまりスタイルが変わるということです。スタイル（文体）が変わるということは、書く内容も変わってくることを意味します。

そして、書く内容が変わるということは、世の中を見る目、世界を切り取る仕方も、変わってくる。一人称を変えると、世界観が変わるのです。それだけ、大きなことなんです。

スタイル（文体）が複数あった方がいいように、一人称もいくつか使い分けることができるとよいです。なにも同時に使い分けろというのではない。年代によって、変えていく。「僕」という一人称を使っていた時代に持っていた世界観を、捨てるわけではないんです。「僕」の世界観に、「おれ」の世界観、「わたし」の世界観が足されていく。人格のレイヤー（層）が、厚くなる。バージョンアップするのではない。かつてのOSも、たいせつにもっておく。イメージとしては、そういうことです。

文章は、人格も変えるんです。思考、感情、判断を変える。人生を変える。人間が発明したもののなかで、〈言語〉こそが、もっとも創造的であり、破壊的でもあり、人間の考えを縛り、同時に自由にするシステムです。だからこそ、文章を書くとは、おもしろく、深く、そら恐ろしい所業でもあるんです。

ステップ

ヘーゲルか広告コピーか――読者とはだれか

文章は、だれに書くのか。

決まっている。読者に向かってだ。しかし、その読者とは、いったいどこにいるのか。仕事の依頼メールや、ラブレターといった、「読者」の顔がはっきり分かっている文章のほうが、むしろ少数だ。作家は、いまだ知らない、顔なき読者に向かって、文章を書こうとする者だ。

読者の顔がはっきり見える、見えていなければならないとうそぶく表現者もいる。たとえば広告コピーは、読者（＝消費者）の顔が見えているのでなければならない、とよく言われる。

しかし、はっきり読者（＝消費者）が見えていて、読者を目がけて狙った文章は、迫力に欠ける。よくコントロールされ、コーナーをついたスライダーは、カウントを整えるのにはいいが、何度も続けると打たれる。打てるものなら打ってみろというような、ど真ん中に投げ込んでくる豪速球を、読者は読みたいものなのだ。

ヘーゲル『精神現象学』を読了したときの、途方もない虚脱感と達成感は、ほかに比べるものがなかった。理解したなど、とても思わない。ただ、著者が命を削って書いたことの、片鱗《へんりん》には触れた気がした。豪速球に、バットがかすった音がした。

ヘーゲルは、臨終の床で「ただ一人を除いて私を理解してくれたものはなかった。そしてその一人も私を誤解していた」と言った。

わたしの〝理解〟も、ヘーゲルに言わせれば誤解なのかもしれない。

だが、だれも理解してくれなくても、だれに求められなくても、自分のために、世界のために書く。そういう文章は、熱量が途方もなく高ければ、どこかに読者は現れる。広告コピーは半年ももたない。ヘーゲルは二百年も読み継がれている。

ワン・ナイト・ララバイ――わたしだけは確信している

大急ぎでつけ加えると、これは、「だれも理解してくれなくてもいいから、自分の書きたいことを書け」というのではない。

レオニード・アンドレーエフという二十世紀ロシアの詩人・作家は「有名になるか――でなければ生きるには当たらない」と言った。まだ十四歳のときだ（ゴーリキイ『追憶』）。

これを、少年らしい自負、根拠のない自信と、とってはならない。

自分の書くものは、世に受け入れられないかもしれない。理解されないかもしれない。しかし自分ひとりだけは確信している。世界の万人が理解し、感動し、牢記するべき文章を、自分は書いている。書くつもりだ。また、そうした確信がなければ、なぜ文章など書くのか。

日活ロマンポルノ映画「嗚呼《ああ》！おんなたち　猥歌」（神代辰巳監督）は、内田裕也が主演で、安岡力也やアナーキーも出演しているロックンロール映画であり、成人映画としては少しも「役」にたっていない。まさに怪作だった。

なかでも主題歌「ワン・ナイト・ララバイ」にしびれる。

売れない中年ロッカーの内田裕也がどさ回り、場末のレコード屋に新作キャンペーンで現れた。地面にマイクを立て、カラオケで歌う。マネジャーの力也が拍手するだけ。だれも振り向かない。足さえ止めない。

すると、一人だけ、若い女性が足を止めた。裕也の前で、聴き入っている。周囲を気にしつつ、しかし、立ち去るそぶりもない。だれかと待ち合わせなのか。あるいは、引き込まれているのかも知れない。

じっさい、いい曲なのだ。時代や流行を超越した、ディープソウル。

曲のダイナミズムが爆発する瞬間、通りすがりのこの女性と、歌い手に、なにが起きるか。ライター志望者はＤＶＤを手に入れ、映画全編を見るべきだ。

文章は、こうあるべきだ。表現は、かくあるべきなのだ。

一人が、聞いてくれればいい。一人が、読んでくれればいい。しかし、その一人も、歩み去ったのなら……。裕也さんのアクションが、そのことを語るだろう。

虚空に向かって、歌え。

宇宙に向かって、書け。

第4章

書くための四つの道具

第11発

ライターの道具箱

——メンテナンスし、持ち歩く。

ホップ

田仕事の流儀とライター道

わたしは生まれも育ちも東京・渋谷なんですが、二〇一四年に発狂し、みずから希望して日本の西の果て、長崎県諫早市に飛んでいきました。縁もゆかりもない土地です。ここで早朝一時間だけ、米百姓をすることにしたのです。ライター稼業を続けつつ、百姓もして、最低限の食い扶持《ぶち》は押さえる。書くことにしがみつく。ライターを一生続ける。そのための兵糧米作りだ、というコンセプトの人体実験を続けてきました。その顚末《てんまつ》は、『おいしい資本主義』という本に書いています。

地元のお百姓さんに勝手に弟子入りしたのですが、その「師匠」が最高だったんです。口は悪いのですが、教え好き。しかも仕事の流儀が、わたしのライター道の流儀にもかなっていたんです。だから、自然に溶け込めた。似ている点はいろいろありますが、ここでは「道具」について取り上げます。

田んぼの師匠は、百姓道具の清掃や整頓に、とてもうるさい人でした。なにがどこに置いてあるか、完璧に把握している。道具をいつでも整理し、手入れする。ライターにとっての道具とは、なんでしょうか。言葉です。あたりまえです。その大事な道具である言葉を、きちんと道具箱にしまい、整頓し、磨き上げ、いつでも使えるように油を引いているライターは、しかし、そう多くありません。ましてやアマチュアの書き手は、道具の整理なんて、意味が分からないでしょう。言葉を、使ったら使いっぱなし。放っておく。いずれ、言葉に仕返しされます。

ホラー小説の巨匠スティーブン・キングが、こんなことを書いています。

道具箱を持ち運ぶ——スティーブン・キングの文章術

キングの親戚に、オーレン叔父さんという人がいました。ある夏の日、家の裏手の網戸が壊れ、オーレン叔父が修理するのを、スティーブン少年は手伝いについていきました。

叔父さんは、三〇キロ以上もあるような重い道具箱を片手に、家の裏手へ回りました。網戸の破れたところへ着くと、スティーブンに、道具箱からドライバーを出すよう言いつけます。作業は簡単ですぐ終わり、叔父さんはスティーブンにドライバーを返し、今度は道具箱にしまっておくように命じました。

しかし、少年は納得いかない。ドライバー一本で済むのなら、なんでこんなに重くてぎょうさんな道具箱も持ってきたのか？　ズボンの尻ポケットにドライバーを突っ込んでくればいいだけじゃない？

「ああ。でもな、スティーヴィ」叔父は屈《かが》み込んで道具箱の取っ手を摑《つか》みながら言った。「何があるか、ここへ来てみなきゃあわからないからな。だから、道具はいつも、全部持っていた方がいい。そうしないと、思ってもいなかったことに出っくわして弱ったりするんだ」

存分に力を発揮して文章を書くためには、自分で道具箱を拵《こしら》えて、それを持ち運ぶ筋肉を鍛えることである。

（スティーヴン・キング『小説作法』）

けだし名言です。

いい道具＝言葉を集める。整理整頓する。その道具を、いついかなるときでも持ち歩く。軽々と持ち歩ける筋力を鍛える。

工夫《こうふ》と農夫と書夫と、そこに変わるところはありません。

ステップ

道具箱の中身——語彙、文体、企画、ナラティブ

スティーブン・キングは続けて、「（叔父の使った）道具箱は三段だった。物書きの場合は、少なくとも四段ほしい」とも書いている。

> よく使う道具は一番上の段にまとめる。何はともあれ、文章の主体は語彙である。語彙に関しては、遠慮なく手当たり次第に掻き集めて、何を恥じることもない。
>
> （前掲同書）

小説だけではない。メールでも企画書でも、なにを書くにも、ボキャブラリーが、

最初にして最大の課題であることは間違いない。語彙の豊かな人が、文章のうまい人だ。語彙の豊かな人が、豊かな人生を歩む人だ。

では語彙を増やすにはどうするか。これは次節に譲るとして、道具箱の引き出し四段には、なにを入れるのだろうか。キングは書いていないので、わたしが決める。

一段目は、すでに書いたように、語彙だ。二段目に文体。三段目が企画。四段目がナラティブ、これである。

文体とは、英語で「style」。「スタイル」とは、風采、かっこう、ファッション、髪形も指す。広く、生き方と考えていい。スタイルのない作家は、みじめだ。スタイルのない人間に、書くべきことのあるはずがない（第13発）。

企画とは、読んで字のごとし、なにを書くか、どのような切り口で書くか、アイデアのことだ（第14発）。

四段目に入れるナラティブ（narrative）とは、塾生への説明にもいつも苦労する概念なのだが、陳述の力、もっといえば「てにをは」だと、とりあえずここでは言っておこう（第15発）。

道具箱を持ち歩く筋力をつけるには

語彙、文体、企画、ナラティブ。この四段の道具箱を、いつでも持ち歩く。棚の中身を増やすように努力する。増やすだけでは、不十分だ。定期的に点検する。磨く。いらないものは捨て、より最新の道具に、アップデートしていく。

いつでも、その道具箱を持ち歩く筋力を鍛える。ここでは、筋力の鍛え方だけを解説する。簡単だ。

筋トレする。

筋トレを、習慣にする。

これが極意だ。ほかに道はない。

わたしたちは、凡人である。天才もいるが、天才はこの本を手にとらない。しかし、天才ではないからと文章の道をあきらめてしまうのでは、話はおもしろくもなんともない。「習慣は、第二の天性である」（キケロ）。凡才は、習慣で、天性を作り上げてしまうのだ。

朝起きて、歯を磨かない人がいるだろうか。顔を洗わない人は、何人いるか。歯を磨かなくても、顔を洗わなくても、死にはしない。生死に直接かかわるわけではない、時間もかかる面倒な動作を、なぜ、人は毎日続けるのか。

習慣だからだ。

人は、習慣の力で生きている。いや、習慣がないと、生きていけない。大災害にあい、家が流され呆然《ぼうぜん》としている。疫病でいちばん大切な人を失った。なぜ自分がこんな目にあわなければならないのか。世界の不条理を前に、なにをする力も起きない。そんなときでも、息はする。食事もする。おそらく、食後に歯を磨く。たんに、習慣だからだ。惰性で、そうしているのだ。

そこを逆手にとる。面倒だと思ってしまう道具箱の整理整頓を、習慣としてしまうのだ。歯磨きや洗顔程度の時間で終わるような、毎日、無理なく続けられる惰性の行為にしてしまう。

天才になるチャンスは誰にでもある

天才とはだれか。二つの要件を備えた人のことだ。

第一の要件。天才とは、努力を続けられる人のことだ。

第二の要件。天才とは、努力を発見する人のことだ。人が努力しないことを、努力する。

第二の要件の方が大事で、この先、どこかで書くことがあればいいと思うが、いまはまず、第一の要件、「天才とは、努力を続けられる人」に注目したい。

わたしたち凡人にとって、努力を続けるのは、並大抵なことではない。その並大抵ではない難事をなしとげるたった一つの方法が、習慣にしてしまうということなのだ。習慣という以上は、一日に十五分以上かけるべきではないというのがわたしの考えだ。おもにプロライター志望者に向けて、第20発で書く。

最後にひとつだけ。四段の道具箱を常に持ち歩く、体幹筋のしっかりしたライターとは、どういう人だろうか。その人は、おもしろい人だ。書くものだけでない。話して、いや、見ているだけでも、とても魅力的な人。

おもしろい人、魅力的な人、他を楽しませる人。聞かれなければ自分から話すことはなく、しかし問われたならば、驚くほど経験が広く、深く考えている。品格がある人。つまり、善く、生きている人。それが、いいライターだ。

いい文章を書くとは、畢竟《ひっきょう》、いい人になることだ。

第12発

語彙【道具箱・一段目】

——増やすには逆に制限する。

ホップ

本を読み、辞書を引く

文章を書く道具箱の一番上は、とりもなおさず、語彙です。語彙を集めるのに遠慮会釈はいりません。片っ端から集める。道具箱に投げ入れる。

ではどうやって言葉を集めるか。語彙を増やすには、どうすればよいか。

本を読めばよい。

以上、終わりで、ほかに書くこともじつはないのですが、あまりにも不親切なので、もう少し書いておきましょうか。

いちばん便利なドイツ語は「Bitte」だと教わりました。レストランに入って「こんにちは」とウェーターに話しかけるとき、メニューを指さし注文するとき、勘定を払うとき、にっこり笑って「Bitte」と言っておけばまずは通じる。

日本語では「どうも」でしょうか。「どうも」と言っておけば、朝でも昼でも夜でも、出会いでもお別れでも、感謝の気持ちも謝罪の気持ちも、（いちおうは）伝えられる。

いまならば「やばい」が、便利な言葉にあたるでしょうね。

悲恋のラブロマンス映画を観て「やばい」、ユーチューブのお笑い動画を見て「やばい」、新発売のマカロンを食べて「やばい」、なぜか鷗外の短編を読むはめになって「やばい」。

泣ける／笑える／おいしい／全然意味が分からない

どんな状況も「やばい」のひとことで伝えられる。分からせようとしている。便利ですけれど、これでは語彙は増えません。

ではどうすればいいのか。いちばん簡単な対処法は、辞書を引くことです。

辞書・事典類がデジタル化されたことは、ほんとうに福音です。わたしは、国語辞書、古語辞典、漢和辞典、類語辞書、百科事典類がデジタル化されるたびに買い足します。初級者にそこまでは求めませんが、「広辞苑」でも「新明解国語辞典」でも「明鏡国語辞典」でも、なんでもいい。デジタル辞書をひとつ買って、パーソナルコンピューターに入れておくのは必須です。

わたしは朝、パソコンの電源を入れるとまず、辞書を立ち上げます。国語辞典を四つ、漢語辞典三つ、古語辞典二つ、百科事典、用語辞典、語源辞典と、二十冊以上の辞書ソフト。まあ、儀式みたいなものです。

そして、文章を書いていて、あるいは本を読んでいて、少しでも意味が不確かであれば、迷いなく即座に引きます。こういうときに、デジタル辞書は無敵の強さを発揮します。面倒でないからです。

辞書の活用法——発想を変えるために引く

ただし、辞書を引くのは、意味を確認するためだけではありません。むしろ、発想を変えるために引くのが、辞書本来の使い方なんです。

少し値が張りますが、「日本語シソーラス　類語検索辞典」は、上級者には断然におすすめで、ライター志望者は必携です。

この辞書は類語辞典ではあるのですが、これを、言い換え言葉、代用する言葉を探す辞書として使ってはいけないんです。

たとえば、「美しい」と書いてはいけないと、第4発に書きました。では、美しいをどうやって言い換えるのか。シソーラスを引くと「かわいらしい」「まぶしい」「匂やか」「目も綾《あや》に」等々、言い換え例が出ています。これを「美しい」の代用とする使い方は、下の下です。そんなふうに使うのではありません。

たとえば、恋人が不治の病にかかるラブロマンス映画を観て「やばい」と感じたとする。やばいとは、しかし書きたくない。いちおう、「やばい」を日本語シソーラスで引いてみましょうか。

やばいの類語として、小語群「悪い」「危険」「疑わしい」「贋物《にせもの》」「大変だ」が出てきます。自分の観た映画を表すのに、近い感じはありますか？　ないですよね。いちばん近いと思われる「大変だ」に焦点を移します。

今度は「大変」で類語を探す。すると、「常ならず」「重要」「厄介」「頗《すこぶ》る（程度）」「大事」「椿事《ちんじ》」「多事多難（人生）」と出てきます。まだしっくりこない。仕方ないから、「常ならず」から順に引いていきます。こういうところが、電子辞書のいいところです。

順に引いていって、「厄介」を引く。面倒くさい、大儀、煩わしい……。「億劫《おっくう》」という言葉も出てきました。億劫か。億劫な映画ね。

「やばい映画を見た」と書くより、「これは、億劫な映画である」と書き始めた方が、引きが強くないですか？　いや書かなくてもいい。億劫な映画と仮説して、考え方の方向性を変えてみる。億劫とはなにか。今度は漢語辞典でも引いてみます。もとは仏教用語で、非常に長い時間を意味する、とあります。「刹那《せつな》」の反対語。ここまでくると、なんだかいけそうな気がする。

こんどは白川静「字統」も引いてみる。「億」には、心安らかという意味もあったらしい。「劫」は、刀、力で脅迫するという原義だそうです。

その感動した「やばい」映画に、非常に長い時間、永遠とも思えるような時間を感じさせるシーンは、なかったでしょうか。刹那的ではない、なにか引っかかる、いまでも自分の心から出ていってくれない、刀で傷痕を残すようなセリフ、シーン、照明、カメラ割り、シークエンス、ＢＧＭ……。なんでもいいんです。

ほんとうはそこに「やばい」と感じたのではないですか。そのシーンをつかまえて、拡大して、詳しく分析して書いてみたらどうでしょう。じつに「億劫」な映画なのだ、と。

辞書を引くのは、言い換え語を探しているのではありません。わたしたちの、常套的でありきたりで平凡な発想、決まり文句のような視点を転換させるために、引くんです。

語彙を多彩で豊かにする。考え方の、〈ベクトル〉を変える。ものの見方を、〈変調〉させる。辞書は、そのためにあります。辞書は、言葉のエフェクターです。

ジミ・ヘンドリックスはギタープレイが突出しているだけでなく、エフェクターを始め電子機器を使いこなす名手でもありました。わたしたちが目指すのは、言葉のジミ・ヘンです。でかいこと言ってますが。

ステップ

作家に憑依されて得る世界――相互承認の実現

辞書を使うのが語彙を増やすための対症療法だとすると、根本的な原因療法は、もちろん、本を読むことだ。読むことだけでは不足で、抜き書きが必須だ。抜き書きこそが語彙を増やす王道だ。抜き書きについては第21発で詳述するので、ここでは、なぜ抜き書きをするのかについて、一部を書くにとどめる。

楽器の練習をしたことがある人はよく分かるのだが、たとえばギターならば、自分の好きなギタリストのまねから入る。リフやソロパートを、まねる。いちおう楽譜通りに弾ければそれで終わりではなく、「この音はチョーキングなのかスライドなのか」を確定しようとする。ビブラートの仕方や、使うピックアップやトーン、ピッキングがダウンなのかアップなのか、それらの細部を、耳を澄まし、何度も何度も繰り返して聴く。

これは、つまり、憑依《ひょうい》されているのだ。ギターの音をまねるというよりも、もはやギタリストその人になりたい。存在をとってかわりたい。なにを考え、なにを感じて、いまこのフレーズを弾いているのか。そこまで肉薄したい。

これは、もの書きにも絶対に必要な感性だ。

だれでもいい、好きな作家が現れる。その作家の作品は、全部読む。繰り返し読む。まるで、自分がその作家になったように、読む本や、食べもの、酒の種類に銘柄、聴く音楽、観る映画、散歩の道筋やらなにやら、とにかくまねしたくなる。そこまでほれ込む。憑依される。

そういう作家の二人や三人はいないと、ライターとしてはかなり感性が鈍い。全集を買い、日記や手紙、草稿に至るまで、端から端まで読む。脳を乗っ取られ、文章をまねして、無残に失敗して、また精緻にまねをして……。当然、語彙の道具箱も自然に増えてくる。

最初からオリジナルな語彙、オリジナルなスタイルを持っている作家など、いない。賭けてもいい。

わたし自身も、何人かの作家に憑依され、頭を乗っ取られ、しばらくして平熱に戻ると、卒業し、今度はまた別の作家に乗っ取られ、を繰り返してきた。漱石、鷗外、太宰治、プーシキン、チェーホフ、中島敦に大西巨人……。それを繰り返す。

自分なんて、たいした書き手ではないのだ。自分を〈なくす〉。そうして初めて、自分が〈できる〉。ふだんの生活では使わない、自分のものではなかった言葉を、使いたくなる。いや、言葉のほうから勝手に原稿用紙に現れる。

たとえば最近のわたしであれば、「畢竟」「淵源《えんげん》」「牢記」は、大西先生に憑依されて、自然に現れる語彙だし、「莞爾《かんじ》として」「異にする」「謂《い》いである」も、太宰や鷗外に耽溺《たんでき》して身にこびりついた語彙である。「常に、すでに（toujours deja）」は、海外の作家（ブランショ）に魅入られて得た語彙だ。

最初は、こっけいな猿まねである。浮いている。身についていない。

しかし、読み込み、憑依され、愛し抜いて、その果てに頭の底に残った語彙は、いずれ自分のものとなる。自分の思想になる。自分なんていうものは、他者の思考の集積なのだ。他者に耕された土地なのだ。であるならば、広く、深く、耕されてしまえばいい。カルチャーとは、カルティベート（cultivate）されるとは、耕されるという意味だ。百姓でもあるわたしは、知っている。深く、何度も耕す田の実りは、豊かだ。

「なになに的」を使わない訓練

もうひとつ。語彙を増やすのに有用なのが、〈なにかをやめてみる練習〉だ。言葉を、なくしてみる。

何という嫌なことばだ、「生きざま」とは、
言い出した奴の息の根をとめてやりたい、
知らないのか、これは「ひどい死にざま」という風に、
悪い意味にしか使わないのだ、ざまあ見ろ！
（略）
「なになに的」を使わずに本を一冊書いた人もいる、

政治家の「前向きで」など、使用禁止は当然だ、
評論家も「ある意味では」をやめて、
どんな意味でかを、はっきり書くようにしたらよい。

生きていてどれほどのことができるのでもないが、
死ぬまでせめて、ことばを大切にしていよう。

（中桐雅夫「嫌なことば」）

わたしは中桐にも憑依された。だから、この詩を読んで以来、当然、「生きざま」という言葉は使わない。「ある意味で」と、ここ数年、何回か使った記憶がある。いかんことだ。

「なになに的」という言葉を、人は、日常的に無意識的に惰性的に使っている。「わたし的には」と言う愚か者さえいる。

わたしは、かつて、一年間だけ、「なになに的」を一切使わないと決めたことがあった。新聞や雑誌にたくさん書いていた時期だった。とくに新聞で「なになに的」を使わないのは、たいへん難しかった。新聞のように字数が極端に制限されているメディアでは、「なになに的」という言葉は、「ある意味」とても便利な言葉なのだ。

しかし、「なになに的」とは書かないと決めて以来、よくよく考えるようにはなった。その言葉でなにを表そうとしていたのか。言い換えたり、そもそも、その文章を書くことじたい、やめたり。違う言葉、違う文章に変えていった。おのずと、語彙を増やす筋力トレーニングになった。

いまは「なになに的」とも必要最小限で書くようになったが、きわめて有効な語彙増強法だったと思う。

その後、大西巨人に憑依されてからは、今度は逆に「的」を効果的に使う用法を学んだ。「鼻下長的」などと、ユーモアとしての「的」の使用法もあった。あえての多用。

この訓練の自然な発展形として、世間で流行している言葉を使うことじたい、自分のなかでほぼ禁忌になった。言葉は、自分の考え、感情を表す道具ではない。むしろ言葉が、自分の思想や感情を生起させる。順番が逆なのだ。だから、世間で流行している言葉を使うということは、自分のマインドとハートとを、世間に売り渡すことなのだ。

汝士《なんじ》分の面目をおもはば、かの流行言葉《はやりことば》といふを耳にすとも、決して口にする

勿《な》れ《か》

（斎藤緑雨『あられ酒』）

古代ギリシャでは、弦楽器に弦を一本増やした劇作家を追放した。ミケランジェロは彫像を彫るのに、より大きく、固く、彫琢《ちょうたく》の困難な大理石を求めた。

語彙を増やすには、言葉を制限することだ。「超」も「やばい」も、「〇〇的」も「〇〇性」も「〇〇化」も、シュレッダーにかけてしまえ。

なにもかもなくしてみる。

世間を、流行を、自分をも、なくしてみる。

なにもかも、なくして、さてそこで、まだなにか言いたいことは、あるだろうか。なにかを考えられるか。なにかを感じられただろうか。

書くのは、そこからだ。文章を書くとは、無から有を生みだす魔術のことである。

第13発

文体【道具箱・二段目】

——スタイルのない人間は、みじめだ。

ホップ

スタイルはカリスマティック

「あんたは、そのハワードとかモームとかいう人が好きだったの？」

「このふたりにはスタイルがあった。品格というのが。でも月日がたってみると、このふたりには、なんていうか、だまされたって感じがするんだろうな、けっきょくのところは」

「でもその人たち、あんたのいうスタイルってものがあったのよね」

「ああ、スタイルは大切だ。多くの人は真実を叫ぶがスタイルがないから、なんの力にもならないんだ」

（チャールズ・ブコウスキー「充電のあいまに」）

元ボクサーで大酒飲みで女にだらしないブコウスキーは、そのワイルドさ、破天荒さが文章にそのまま出ている。読者は、ブコウスキーの「スタイル」に憧れているんですね。スタイルに取り憑かれているんだから、作品一つひとつの出来などは、もはやどうでもよくなる。成功も失敗もない。だからこそ、スタイルは大事なんです。この節の主題です。

手元の「リーダーズ英和辞典」を引くと、「Style」とは「文体、話しぶり、表現法」ともあります。

文体。流儀。くせ。ルーティン。約束。品格。つまり、生きかた。

スタイルのない人間は、みじめです。

本書の読者はプロを目指す人ばかりではないと思いますが、参考までに書くと、文体をもっていないライターは生き残れません。事件や事故、世の事象そのものは、だれが書いても同じなのです。同じでなければならない。事実だけを書く。評価はいらない。

しかし、だれが書いても同じものだけを書いているライターは、早晩、消えます。というより、新陳代謝があります。若い人にかわっていく。ライターが、当の事件や事故、事象をどう見たのか。なにを、どう書くか、そのスタイルを持っている者だけが、生き残ります。

周りの新聞記者や雑誌記者を見ていても、スタイルのない人の方が圧倒的に多い。だからまあ、気楽とも言えますね。プロでさえスタイルのない人の方が多い。気長に、しかしあきらめずに、試みましょう。

スタイルの練習——四つの「主」を変える

ここで終わってもいいのですが、せっかくだからヒントになろうかという練習法を、いくつか書いておきます。

(1) 主語を変える

ぼく、あたし、わたし、おれ、おいら、自分……。一人称を変えることによって、筆が伸びることはあります。第10発に書きました。殻を破る。

（2）主題を変える

書くテーマを変える。

わたしの出版デビュー作は音楽評論でした。夢だったので、それはうれしかった。望んでなった音楽評論家ですが、しかし、それも数年続けていると、煮詰まってくることはあるんです。同じ主題を書いていると、文章が似てくる。語彙が伸びなくなる。スタイルが同じになってしまう。ギターで言うところの、「手癖で弾く」というやつですね。うまくはなっているんだが、驚きがない。

そういうときは、思い切って主題を変える。映画ばかり観てみる。文学に耽溺してみる。絵画や写真を見にいく。映画にも音楽はあるし、文学にも、絵画にも、音楽は流れているものなんです。

あるいは思い切って、しばらく音楽を聴かなくするのもいい。心配しないでも、そうした遍歴の果てに、自分のテーマはまた鳴り出すものです。自分の音楽にまた、巡り合える。そうやって再会したのちに書く文章は、あるスタイルを獲得しているものです。

写真家のアラーキー＝荒木経惟さんは「煮詰まったらカメラを変える」と言ってました。使い慣れた愛機を脇に置き、安っぽい使い捨てカメラひとつで町に出てみる。「彼女を変えるんだ」とも言っています。……えっと、それは、わたしは知りません。

（3）主義を変える

昔からの癖で、世の中ではやっているものにあまり興味がなかった。小学校のころからそうだったのです。クラスの話題についていけなかった。みんなが見ているテレビアニメを見ていなかった。

だから、ヤマトもガンダムもエヴァも、なにも知らない。サブカル評論全盛のいま、かなりまずい基礎教養のなさなんですが、いいんですよ。黙ってれば分かりゃしない。書くはめになったら、そのとき勉強すればいい。開き直っています。こういうのはいわば応用問題なので、ほんとうの基礎教養（古典）が備わっていれば、切り抜けられます。これは、第20発で書きます。

子供時代には歌謡番組も全盛だったのですが、テレビを見ないから歌謡曲もいっさい聴かない。小学五年のときロックに目覚めるまで、ほとんど、現代ポピュラー音楽を聴かなかった。端唄・小唄や映画音楽、戦前の流行歌、クラシックの小品なんかを聴いてました。

それでいいと思っているわけではありません。とくに、一切スルーしていた一九七〇年代の歌謡曲は、ソウルやラテン、ジャズ、スタンダードほか、日本人の洋楽受容の精髄であり、これをパスしていたのは怠慢でした。のちに、猛勉強しました。

たまに、主義を変えるんです。一年ぐらいでいい、いままでスルーしていたものばかり、集中して聴いてみる。見てみる。読んでみる。わたしは、いまも昔も文学は古典ばかり読んでいるのですが、一時期、現代の日本人作家を集中して読みました。世間で評判になっている、ベストセラー作家です。はまりはしなかったが、分かったことは、多々、ありました。

「主義」というのは、本来、変えないことに価値があるものなんですが、スタイルを豊穣《ほうじょう》にするためなら、主義でもなんでも、いったん変える。また戻ればいい。ライターは、「無主義主義」です。

（4）主体を変える

いまふうに言えば、キャラを変えるということです。性格を変えるということです。そんなことできるのかと思いますが、こと、スタイルに関してはできるんです。

中学校のころ、夏目漱石『坊っちゃん』を読んで、とても影響されたんですね。主人公の坊っちゃんが、好きになった。江戸っ子で軽薄でおっちょこちょいで口が悪くて政治的に振る舞えない。不器用。淡泊。田舎くさいのが大嫌い。自分に近い、と思った。

以来、読書感想文も修学旅行の作文も、みな、書いている主体、キャラクターは、「坊っちゃん」でした。坊っちゃんだったらこう書くだろうと、坊っちゃんになりきって書いた。べらんめえ調で、切り口上。

こういうキャラは、便利なことに、「着脱」できます。着ぐるみみたいなもんです。わたしの場合、ご多分に漏れず太宰治にやられ、ジム・トンプスンやブコウスキーにはまり、プーシキンに侵され、ハイデガーに頭を占領されと、その都度その都度、キャラを入れ替えてやってきました。「田舎くさいのが大嫌い」と言っていた自分が、いまや、ど田舎山奥の百姓・猟師ですから。

その主体＝キャラと自分が合わなければ、ただの茶番です。浮いているだけ。編集者からも、読者からも、相手にされません。仕事をなくします。

しかし、そのキャラと自分がなじんでいけば、ほんとうに好きだったならば、スタイルのひとつになります。文体を、得ます。

スタイルは、ひとつである必要はないんです。カラフルな方がいい。人生もカラフルになる。これは、文章を書くうえでの、もっとも大きな余録、「おまけ」です。「おまけ」じゃなくて「本体」はなんなんだよという当然の疑問は、続く「ステップ」で発射します。

ステップ

誤読を恐れるな

美術家の森村泰昌は、著書『自画像のゆくえ』でゴッホの自画像の変遷を子細に検討し、「自画像の〝顔〟がつぎつぎ脱皮し更新されていく」と、きわめて重要な指摘をしている。「だれかが〝画家になる〟とは、そのひとならではの〝画風〟を確立することである」とも書く。

ここで、画家をライターに、画風をスタイル（文体）と置きかえて読んでも、なんら問題はない。だれかがライターになるということは、そのひとならではのスタイル（文体）を確立することである。

オランダ生まれのゴッホは、ロンドンやベルギーを転々としたのち、当時、「世界の首都」だったパリに移る。パリで初めて描かれた油絵の自画像は、それまで同様、まだモノクローム調だ。しかし暗い色調の自画像が、だんだん、明るみを増してくる。スーラ風の点描も試みる。

その後、ゴッホは陽光あふれる南仏アルルに移った。日本の浮世絵から影響も受けた。ゴッホは複製画を見て、見たこともない日本という土地を、大きく誤読していく。その誤解の中から、自分自身の画風を確立する。

場所を移す。他者からの影響を恐れない。まねる。自分の頭で考え、咀嚼《そしゃく》し、消化し、吸収する。それが誤読でも構わない。

問題は、自分の〝誤読〟が、深い誤読であるか、ということだ。自分にうそをついていない、誠実な〝誤読〟であるか。まだだれもしたことのない〝誤読〟であるのか、ということだ。

そうしたとき、もはや、〝誤読〟は誤読でなくなる。スタイルとなる。

「わたしで〈ある〉」から、「わたしに〈なる〉」へ

だれかがライターになるとは、その人ならではのスタイル＝文体を確立することだ、と書いた。その文体は、自分自身のオリジナルでなければならない。そして、「オリ

ジナル」とは、「いまの自分ではない」ということが死活的に重要なのだ。自分に、「なる」のだ。影響され、まねし、理解し、誤読し、そうして自分自身になっていく。スタイルを確立する。

〈わたし〉は、〈わたしのもの〉ではないからだ。

百姓、猟師になって、このことを、わたしは初めて理解した。わたしたちは、米や、パンや、肉や、魚や、野菜を、食べて生きている。殺して、生きている。わたしたちの生は、他者の死だ。それが、生命という〈現象〉の本質だ。

だからこそなのだ。いまのわたしで〈ある〉だけでは、不十分だ。わたしに〈なる〉のでなければ、わたしたちが殺して、命を奪っている他の生命に対して、申し訳が立たない。

なにものかに、なる。なにに、なるのか、その未来は、まだ書かれていない。それは、あなたが書くものだからだ。

スタイルを獲得する。

自分に、なる。

とどまらない。

変わり続ける。

文章を書くという営為の、「おまけ」ではない「本体」とは、これだ。

第14発

企画【道具箱・三段目】

――なにが、わたしにしか、書けないか。

ホップ

誰にでもある、わたしだけのものとは？

さて、道具箱の三段目に入れるのは、企画です。企画とは、わたしはなにを書くべきか、ということです。

なにを書くべきか。多くの読者にとって、それすら分からない。では、問いを変えましょう。問いは、いい答えが出るまで、何度でも変えます。なにを、書くべきか。これは、言い換えれば、「わたしに、なにが、書けるのか」こういうことです。

わたしたちに、なにが書けるでしょう。ツイッターやフェイスブックやインスタグラムやブログニュースを眺めていれば、よく分かります。〈情報〉です。〈インフォメーション〉です。だれでも、情報を発信することができる時代です。ところがやっかいなことに、だれでもできるということは、あなたでなくてもいいことを意味します。だれが書いてもいいんです。人間である必要さえない。ＡＩに記事を書かせることも始まっています。

企画とはなにかという問いは、ここで、意味のある問いに変形されます。なにが、わたしにしか、書けないか。

わたしにしか、書けないもの。それは〈感情〉です。〈エモーション〉です。感情は、価値として、論理や知識の下に置かれることが多いと思います。「感情的になるな」と教えられてもきました。しかし、ここには大きな錯誤があります。感情を、激しやすい心とか、あやふやな印象とか、そういうふうにとってはいけません。感情というと、ぼんやりしています。いっそ具体的に、喜怒哀楽と言ってしまいましょう。わたしたちはなにを書くべきか。なにが企画となるのか。それはわたしの、できればわたしだけの、喜怒哀楽です。

喜怒哀楽、「喜」と「楽」の違い

「喜」心の底から喜んでしまうこと。慶事。共感できること。
「怒」義憤に駆られること。それはないだろと、声を高めてしまうこと。
「哀」頬に涙が伝うこと。憐憫《れんびん》。人間だけがもっている普遍の感情。
「楽」……楽が、少し難しいですね。

楽は、喜と違う。自分が喜ぶんじゃない。人を喜ばせることです。「楽」という字は象形文字で、手に持って鳴らす鈴（スレイ・ベル）がその字源になっています。鈴をもって、歌い、踊り、神様を喜ばせた。神楽といいます。楽とは、自分ではない、他者を喜ばせること。はたをラクにすることを指すんです。

もっと分かりやすく言えば、楽とは〈笑い〉だと、わたしは考えます。急いでつけ加えると、(笑)や（w）、(嘲)、(藁)、(草）などじゃありませんよ。これらは、はたをラクにしていませんね。むしろ、はたを不快にしている。他者を攻撃している。

そうではなくて、ユーモアです。

「月曜日、絞首台に引かれて行く罪人が『ふん、今週も幸先がいいらしいぞ』といった」

「ユーモアには、たとえば機知などにおいては全然見られない一種の威厳が備わっているのである。なぜなら、機知とは、ただ快感をうるためだけのものであるか、ないしはそのえられた快感を攻撃欲動の充足に利用するだけであるから」

（フロイト著作集3「ユーモア」）


ユーモアとは、機知とかウィットではない。もっと、威厳のあるものです。おじけづいている人間の背中をそっと押すもの。歩みを軽くするもの。つい、微笑んでしまうもの。

人間は、笑いがなければ生きていけない。ユーモアがなければ、生きている資格がない。

だから、喜怒哀楽のなかでも、楽を書くのがいちばん難しいんです。試みに、新聞や雑誌やネットを読んでみてください。いちばん多いのは「怒」や「哀」ですよね。たまに、「喜」がある。だから、ふっと笑ってしまう記事があると、とても目立つ。だれが書いているんだ、これ？

笑わせるほうが難しい

気質的にそうだったんでしょう、わたしは昔から、そういう記事やコラムを書くのが好きだった。怒ったり、泣いたり、声高になにか主張する記事ではなく、つい笑ってしまうような文章を書きたいと、思ってきました。

まだ二十代の若造だったある日、新聞社の編集幹部がわたしの記事を読んで寄ってきて、「十本の論説を書くより、笑わせる一行を書くほうが難しいんだ」とほめてくれたのを、よく覚えています。そのときは、小さなボートでカリブ海を渡って米マイアミに亡命する、決死のキューバ人たちについて、雑誌にルポを書いたんですね。でも、悲壮には書かなかった。ちょっと笑ってしまうことを書いた。

そのとき、ひらめいた。自分がライターとして生きていけるとしたら、ここだろう。「楽」を書くんだ。まだそのころは自覚的にそう言語化できていたわけではなかったのですが、自分の生きる道を見つけた気がしたんです。ユーモアを。笑いを。必死で生きている人たちの、肩の力を抜く、空気を軽くする文章を書くんだ。

わたしはいま、新聞としては完全に異質の（異次元と言われたこともあります）連載を、六年以上、続けています。「アロハで田植えしてみました」「アロハで猟師してみました」というタイトルで、スラップスティックコメディーだと思ってもらって構わない。しかし、筆者としては、笑いにくるんでほんとうは別のことを書いているつもりなんです。簡単に言えば新自由主義批判ということなんですが、行きすぎた資本主義への、異議申し立てなんです。それを、告発・糾弾するんではなく、読者に楽しんでもらいたくて、笑ってもらいたくて、自分がピエロになって書いているつもり。

「薬は甘くしなけりゃいけないし、真理は美しくなけりゃならないんだ」

（チェーホフ「家で」）

映画監督のビリー・ワイルダーは「言いたいことがあるなら、言ってもいい。しかし、チョコでくるめ」と語ったそうですが、チョコレートとは、なんでしょうか。ユーモアのことです。

人は、なぜ笑うのか。笑いとは、危険から、緊張から、圧迫から、怒りや哀しみから、一瞬、解放されたときに出る吐息です。甘い香りのする、表徴なんです。

撃つ前に探す――読者はどこにいる？

さて、もうひとつあります。「下手な鉄砲も数撃ちゃ当たる」と言いますね。

わたしは鉄砲撃ちの猟師を二〇一六年から始めました。一生続けるつもりです。なんでこんなにはまったかというと、文章と猟が、とても似ているからなんです。

鉄砲撃ちは、なかなか上達しません。わたしの場合、猟期中の三ヵ月で、鴨ならばせいぜい三十羽から多くて五十羽くらいしか獲れない。「しか」って言いますけど、これは新人猟師にしてみれば、かなり多いと思いますよ。自慢ですけど。

それだけ獲れれば十分だと思われるでしょうが、違うんです。この二倍から三倍獲れても、おかしくない。それだけ、弾を外しているんです。

「下手な鉄砲も数撃ちゃ当たる」という格言がありますが、あれはうそですね。じっさい、自分で鉄砲撃ちをしてみるとよく分かる。下手な鉄砲は、数を撃っても当たりません。下手なままです。

では、なぜ下手なわたしが三十羽から五十羽も獲れるのか。

鴨がいるからです。数多くの鴨と、遭遇しているからです。鴨の居場所を探す。そっちのほうが、ずっと重要なんです。鉄砲は狙って当たっているんじゃない。鴨が、弾に当たりに来てくれる。そんな感じ。だから、下手な鉄砲も数撃ちゃ当たるではない。

下手な鉄砲も鴨いりゃ当たる。

こちらが、正解です。

文章も同じです。鴨のいる場所を探す。これに尽きます。

文章にとっての鴨とはなにか。失礼ながら、読者です。読者の関心領域を、よく観察しておく。いまの世の中、ワイドショー、スポーツ紙、SNSは、どんな話題で盛り上がっているのか。炎上しているのか。

芸能人の麻薬だったり不倫だったり、新型ウイルスだったり、そうした話題を避けてはいけない。人々の関心、下司《げす》な好奇心、やじ馬根性、カネ、欲望がうずまくところ。それについての企画を、堂々と書く。

だいじなのは、そうした話題「そのもの」を書くのではない。それはもう、先行ライターがいます。専門家や学者もいます。われわれは、そうした話題にこと寄せて、その下司な話題が、人間にとって、世界にとって、なにを意味しているのか。そこに知恵を振り絞るんです。

切り口の具体的な思考トレーニングは、「転の書き方」と同じ。第6発で解説しておきました。

半歩先を狙えとはよく言われるが

ついでにもうひとつ。鴨の大群を見つけて、空が真っ黒になるようなときがある。それでも、情けないことに一羽しか当たらない。なぜ当たらないか。群れに遭遇して興奮しているということもあるが、夢中になって、鴨を狙っているからなんです。鴨は高速で飛ぶ鳥です。したがって、鴨が飛ぶ方向、そのわずかに前方を撃たなければならない。

鴨（読者）を狙っているあいだは、弾は当たりません。鴨ではない。鴨の先の〈空間〉を狙う。

空間を撃つとは、どういうことでしょう。読者（鴨）の、半歩先を書くということです。

あるトピックについて、読者が「これぐらいは知っているし、考えているだろう」というポイントの、その半歩だけ先を狙う。一歩先は行きすぎで、読者を置いてきぼりにしてしまう。「時代が早かった」という結果になる。

しかし、これは言うのは簡単ですが、読者の半歩先なんて、分からないですよね。ただ、読者が、いま、どこにいるかは、わりあい正確に分かる。いままで書かれている記事を、大量に集めればいいんです。

「芸能人の麻薬」について書かなければならないとする。それについての新聞記事、雑誌記事、書籍、インターネットの言説を、なるべく大量に集めまくる。新聞の商用データベースを、都立中央図書館で新旧の書籍を、大宅壮一文庫で大昔の雑誌記事を、読みまくる。ネットに出てくる記事やブログも読んでいいんですが、それは、すでにみなが知っている情報と心得るべきです。いまのライターはネットしか見ない。足を使って、有栖川公園にも八幡山にも行きはしない。机の上で済ませてしまう。

猟師は、銃、犬、足といいます。足とは、文字どおり、足。移動距離。足をけちってはいけません。

不自由になって見えてくるもの

もうひとつ。空間（スペース）を見つけるには、なにを書くのかではなく、なにを書かないのかを考えるのが肝要です。

「〜の道」をテーマに記事を依頼されたことがありました。こういう企画を依頼されたら、ふつうのライターは実在する道を取り上げます。

ここで、○○街道だの、△路地だの、いままで出てきたような「ふつうの道」は、ぜったいに書かないと決めてしまう。なにを書くかではなく、なにを書かないのかを先に考える。

わたしが書いたのは、「重いコンダラ試練の道」。アニメの主題歌ですが、「コンダラの道」なんてどこにもない。物理的に存在しないんです。存在しない道を、書く。ほかのライターが書いていることなど、ぜったい書かない。書かないことを、まず先に決める。スペースは、そこに生まれます。

〈空間〉を撃つ。

文章を書くという営為は、世界にスペースを創ることでもあります。

ステップ

ワーク・イズ・ライフ——寝ても覚めても

いいライターとはなにか。企画を持っているのがいいライターだ。企画の量とライターの質は、正比例する。企画を、アイデア、創意工夫と言い換えてもいい。いい仕事人とは、企画の多い人だ。企画力が、仕事の九割だ。

もちろんライフワークというものはある。ライフワークは、ひとつ、せいぜいふたつだ。企画とは、そういうことではなく、引き出しの多さのことを言う。仕事のことを四六時中考えているワーカホリック。「ワーク・ライフ・バランス」などという言葉が、なんと、新聞社のような組織にも蔓延《まんえん》してきた。笑ってしまう。表現者に、ワーク・ライフ・バランスなどあるわけがない。「ワーク・イズ・ライフ」だ。仕事中毒になるのだ。いつでも、寝ても覚めても、表現のことを考えている。

枕元には、常にメモを置いておく。「寝ても覚めても」考えているのだから、ほんとうに、仕事の夢を見るのだ。跳び起きることがある。

水木しげる、赤塚不二夫、手塚治虫という、漫画界の三巨人には、年の近いお嬢様がいて、以前、その方々の鼎談《ていだん》を企画・取材したことがある。「ゲゲゲの娘、レレレの娘、らららの娘」という記事になり、のち、本になった。

この企画のタイトルは、寝ている最中、思いついた。真夜中、跳び起きた。文字どおり、布団をはね飛ばした。

ある書評で「本のタイトル大賞というものがあったら、間違いなくこの本」と評された。「座布団十枚」とも書かれた。鼎談者は「本のタイトルがまずあって、それに引き寄せられた」と言ってくれた。

銭カネではない。名誉でもない。いい企画を考えられた。それはライターにとって最もアドレナリンが出る瞬間のひとつだ。ワーク・イズ・ライフとは、このことだ。

具体的に企画を考えるにはどうするか。わたしからは、ひとつだけアイデアを。

読書欄▼企画①

なぜ新聞書評か

新聞の読書欄を読む。

二十年以上、わたしはこれしかしていない。だが、やめたこともない。それで、なんとか生き延びている。

わたし自身、読書面を作っていたことがあるので事情はよく知っているが、新聞の書評面はたいへんな時間とカネをかけて作っている。新聞を読むなら、ここだけでいいとさえ、思う。

ただし、全国紙はすべてだ。朝日、毎日、読売、日経の、土曜もしくは日曜紙面を、コンビニやキオスク、近くの販売店で買ってくる。自分の住んでいる地域の地元新聞をこれに加えて、最低で五紙、毎週、読書面の、隅から隅までを読む。

東京や大阪、札幌に福岡といった大都市圏に住むライターならば、これに加えて、書店回りもしなければならない。定点観測のように、ひとつかふたつの書店を、定期的に回る。すべての書棚を見る。本が入れ替わったのがすぐ分かるようになるまで、通い詰める。

企画とは、結局、編集なのだ。すでに世に出ていることを、総覧して、なにか新しい共通項、切り口があるのではないか。共通するキーワード、嫌なことばだが「時代の気分」があるのではないか。そうした目で「切る」のが、企画なのだ。

総覧するのにもっとも適したメディアは、「紙の本」だ。

なぜか。紙の本には、熱があるからだ。

著者、編集者、校閲、デザイナー、印刷、営業、書店員……。一冊の本にかかわる人間の数は、たとえば、ネットの「note」と比べると、信じられないほど多い。新聞や雑誌に比べても、紙の本にかかわる人間の数は多い。

それだけ多くの人間が熱中しなければできないメディアが、本だ。木を切り倒して、パルプ紙にして、紙にインクをにじませ、トラックに積み込み、ガソリンを消費し二酸化炭素をまき散らし、全国津々浦々の書店に運ぶ。時代にまったく逆行した環境破壊的なメディアが、紙の本である。たった一人の著者の情熱だけでは、とてもできあがるものではないのだ。

そして、この時代に信用できるのは、熱だけだ。何人の人間が真剣になって、本気で作っているか。熱量の総和が圧倒的に多く、かつ、安価なメディア。それが紙の本である。このメディアを使い倒さないことは、あり得ない。

そこで、新聞書評なのである。最低でも五紙の読書面を切り抜き、端から端まで読む。書評とは、あたりまえだが、本の内容を紹介している。その紹介部分に、気になる文章があるはずだ。一週間で五紙を読み、わたしは平均で三、四冊の本に引っかかる。その文章に線を引く。

線を引いて、自分のメモ（見出し）を書き加える。その書評を、クリアファイルにでも分類してとっておく。

ここで重要なのは、アウトプットする企画をイメージできないものは、保存しないことだ。アウトプットをイメージできないインプットは、有害でさえある。

たとえば職業ライターであれば、ライフワークである大企画とは別に、新聞や雑誌に連載できる程度の中規模の企画が、四つ五つはすぐに出てこないようでは失格だ。いまのわたしの場合、「AI」「天皇制」「日本語」「移住・定住」「大衆、ポピュリズム」「離島」「塾」「資本主義」ほかの中企画をもっている。それに関連するネタを、いつもアンテナを張って収集している。クリアファイルに、引っかかった書評を入れておく。入れておくだけでいい。

その間に醸造・熟成させているのだ。いますぐに買って読む必要はない。あるテーマについての書評が五、六点集まってきたところで、その本をじっさいに手に取る。まえがき、あとがき、とくに目次を注意してゆっくり読む。書評で線を引いた該当部分を探しだし、その前後数ページを読む。

読書欄▼企画②
図書館活用法

　本を手にするのはどこか。それが、図書館だ。とくに、大都市圏に住んでいる場合は、自分の住んでいる地域の、最寄りの図書館を使い倒す。

　最近の予算削減で、図書館はめっきり本を買えなくなった、だから、最寄りの図書館を使い倒すという意味は、その図書館の蔵書をあてにしているのではない。

　書評で引っかかった本を、十冊ずつ、最寄りの図書館に予約する。東京の場合、その図書館になければ、区内・市内の他の図書館に蔵書がないか調べてくれる。あれば取り寄せる。なければ、隣接する区・市の図書館に問い合わせてくれる。あれば取り寄せる。そこにもなければ……。


　じつは、東京に住む最大の利点はここだ。これしかないと言ってもいい。東京には都立図書館が二館ある。そのひとつが港区・麻布の有栖川公園にある都立中央図書館だ。まともなライター、ノンフィクション作家で知らない者はいない、ここは、きわめて「使える」スーパー図書館なのだ。日本語で刊行された新刊本の、ほとんどすべてが手に入る。貴重書や、資料・史料も豊富だ。ただ、館外貸し出しはしていない。じっさいに麻布まで赴いて、調べ、コピーをとるなりして、即日返却する。それなりに手間はかかる。

ところが、自分の利用する最寄り図書館や区・市内の図書館、及び隣接区・市の図書館にも蔵書がない場合、特別に、都立図書館から蔵書を取り寄せてくれるのだ。館外貸し出し禁止の都立図書館所蔵本を、自宅で好きなだけ精査することができるのである。


たとえば毎週日曜日に、自宅の最寄り図書館で、書評から切り抜いた本十点を借りようとする。その図書館にあるのは、せいぜい一冊か二冊だろう。かまわない。あってもなくても、十冊(あるいは可能な冊数だけ)予約する。次の日曜も図書館に赴き、予約して入荷されていた本二、三冊を受けとる。新規に、また書評でチェックしていた本を二、三冊、予約する。次の日曜も予約されていた本二、三冊を受けとり、新たに二、三冊を予約……。

こうしたことを続けていると、毎週日曜、あなたへの貸し出しを待っている新規の本が十冊、図書館の予約窓口にそろっているという事態になる。わたしのように地方に住んでいる者にしてみれば夢のようなシステムで、大都市に住んでこれを利用しない手はない。

読書欄▼企画③

企画が育つクリアファイル

図書館から持って帰った資料は、先ほど書いたように、まずはまえがき、あとがき、とくに目次を注意してゆっくり読み、書評で自分が線を引いた重要部分を探しだし、その前後数ページを読む。必要ないと思えば、すぐに返却。当該部分だけで情報として十分だと判断した本は、その部分をコピーし、自分の企画ファイルに保存しておく。当該ページを読み、「これは少し時間をかけて読む必要がある」と判明した本は、迷わず買う。必ず買う。ページを折り、線を引き、メモをし、のちに抜き書きするためだ。「抜き書き」は、ライターにとって死活的・決定的・最後的に重要な作業だが、これについては第21発に改めて書く。

こうして整備し、補充していった道具箱の三段目、クリアファイルに入れた企画棚は、数カ月もすると、きわめて実り豊かな、オリジナルな棚になっているはずだ。あなた以外は使いこなせない道具箱。なぜなら、あなたの頭の中でしか結びつかない本や資料が、他人の目には雑然と、自分の目にだけは整理されて、並んでいるのだから。「天皇制」という企画テーマのファイルには、もちろん歴史書や政治学の本もある。生物学、人類学の本もある。小説や漫画本さえある。それらがどうつながるのかは、わたしにしか理解できない。

ここが、重要なのだ。わたしにしかつながらないものを、つなげる。それが、編集であり、企画の要諦なのだ。


古代ギリシャ、デルフォイの神殿には「汝《なんじ》自身を知れ」という神託が掲げられていたという。これは、とりもなおさず、自分自身を知ることが、もっとも難しいということを意味している。企画とは、自分自身を知る作業だ。ネタを集め、整理し、並びかえ、取捨選択し、構成し、そうして初めて、「ああ、自分はこんなことを考えていたのか」と知る。自分で自分の考えていたことに驚く。また、自分で自分を驚かせられないことに、他人である読者が驚くわけがない。

冒頭の問いに戻る。企画とは、なにか。

自分を驚かせること。自分を発見すること。汝自身を知ることだ。

第15発

ナラティブ【道具箱・四段目】

――有限の物語を無限化する最強の武器。

ホップ

人は「すべらない話」しか求めていない

道具箱の四段目、いよいよ最後の棚は、「ナラティブ」です。手元の「リーダーズ英和辞典」を引くと、ナラティブ（narrative）とはこうあります。

話術、語り、叙述部分、物語的作品【表現】

新聞記者やフリーライター、カメラマンが集まるわが私塾の名物は、「ナラティブ・プラクティス」です。映画でも本でも音楽でも、あるいは仕事でも、なんでもいい。最近、感動したものについて、その「感動」の中身をナラティブしろ。みんなに語れ。酒を飲みつつ、宴会の延長ですが、必ずさせます。

しかし、これがなかなかたいへんな重圧のようで、私塾には記者一年生のころから通っている若い女の子もいますが、彼女がもう、縮み上がっている。並み居る大先輩を前に「すべらない話」をしろというのですから、緊張するんでしょう。そして、やはり、ぜんぜんうけない。映画の話をしても小説の話をしても、「ほんま、おもんない」と先輩に言われてしまう。


たとえば、リストに載っている課題図書（第20発）である、ヘミングウェイ『武器よさらば』に感動したというのでナラティブさせると、延々、あらすじを話している。おもしろくもなんともない。わたしに「もう帰っていいよ」とこき下ろされ、泣いちゃったこともあります。どうやら、「なにに感動したのか語れ」というお題の、〈なに〉が分からないようなんです。

考えてみれば、学生時代、友人と映画の話をして「あれ見た？」「見た。超ヤバかったよね～」「だよね～。キレッキレだった」みたいな会話をしているのが、むしろふつうでしょう。その映画の、どの場面が、どのセリフがヤバかったのか。舞台装置なのか、演技なのか、あるいは照明やカット割りなのか。そんなことを問い詰められることなどありません。「うざい」と言われて、仲間はずれにされます。

しかし、文章を書いて他人に読ませようという人は、ここそが勝負です。〈なに〉に感動したのか、〈なに〉がやばかったのか。その〈なに〉を、具体的に、飽きさせないナラティブで引きつけ、語る。これが、ライターの仕事です。

好きなものをナラティブしてみる

彼女にどうやって教えたらいいのか困り果てていたのですが、偶然、宴会での食事の感想を言わせたら、これがおもしろい。具体的だし、自分もまた食べたくなる。テレビ番組の〝食レポ〟など、問題にならない。「おいしさ」の中身を表現できている。

自分のほんとうに好きなものから、ナラティブしてみましょう。自分がほんとうに愛しているものを、語りましょう。この女の子の場合、それが食べ物だったという話ですが。

映画でも絵画でもいい。①まずはつかみがあり、②状況やあらすじを簡単に説明して、③聞き手を引きつける謎をもたせ、④聞き手の予想を裏切る意外な方向へ話が伸びていって、⑤オチがつく。できればどこかで笑わせる。

毎日、ひとつずつ栗原は自分が見たものを正子に語る約束をしている。取材したニュースとは限らない。不二家の角で見なれない乞食《こじき》に出くわしたとか、村岡病院の庭で柘榴《ざくろ》の花が開いたとかいう話をすると、熱心に耳を傾ける。

柘榴の場合は花弁の色、かたち、匂い、葉の形状までしつこく問いただされる。乞食であれば何を着ていたか、持ちものは？　草履だったか靴だったか、靴ならどんな紐《ひも》の結び方をしていて、色は茶であったか黒であったか、帽子は？　どこから来たふうであったか、どこへ行こうとしているらしかったか、満腹しているようだったか、ひもじそうだったか。

栗原はそれにひとつずつ答えた。答えきれない質問があると正子の目が光った。

（なあんだ、見ることが仕事のくせに何も見てないじゃない……）

（野呂邦暢「朝の光は……」）

野呂は、長崎・諫早の作家で、それこそナラティブの天才です。事件の起きない、なんでもない小さな話を、ナラティブひとつで読ませる。引用したのは、テレビ局の記者と、病床にある少女との会話です。ナラティブのなんたるかを、教えてくれます。

少女に「なあんだ」と言われてはなりません。乞食の靴の色や紐を観察することです。ただし、ここで重要なのは、それを素材として語るのであれば、その素材に必ず意味が付帯していなければならない。なんでも細かく観察して、順番を付けずに語ることを、少女は求めているわけではありません。外に出られない病気の少女が求めているのは、語り口なんです。

病床の少女とは、だれでしょうか。もちろん、読者です。乞食の靴や服のくたびれ具合、足取り、柘榴の花の色と匂い。それが、ナラティブです。

そして乞食は、わたしたちです。わたしたちの書こうとする、文章です。ひもじそうなのか。満腹しているのか。どこから来て、どこへ行こうとしているのか。

いや、「行く」では、目的地がはっきりあることになりますね。書き手が、文章の最終地点を明示的に知っていることになる。どこへ行くのか。いつまで続けるのか。そんなことおれにも、分かりゃしねえよ。

「行く」のではない。「立ち去る」というべきでしょう。

それが文章であるならば。

ステップ

ナラティブはいつも新鮮——ネタ切れしない

戦後何度目かの落語ブームになっている。講談も若い人気演者が出て、復活している。浪曲も、今後ブームになるのではないか。威勢のいい若手がいる。

わたし自身、いろいろな噺家の、同じ演目を飽きもせず聞いている。筋の分かっている噺、何度も聞いたストーリーを、なぜ、繰り返し聞けるのか。

ナラティブがあるからだ。

ナラティブとは、叙述である。話術である。語り口、節、味と言われるものである。

ストーリー（物語）と、意味がずれているところに注意が必要だ。


ストーリー（物語）は有限だが、ナラティブ（語り口）は無限だ。


シェイクスピア『ロミオとジュリエット』は、対立する家系に生まれた若い男女が恋に落ちてしまうという悲劇だが、映画に、ミュージカルに、テレビドラマに、小説に、変奏されて新しい命を吹き込まれている。ミュージカル映画の名作「ウエスト・サイド物語」がそうだし、最近では韓流ドラマ「愛の不時着」だって、大きくとらえれば同じ物語の変奏だ。

そしてこの変奏が、ナラティブにあたるのだ。

物語は、そうそうあるものではない。シェイクスピアが全部書いてしまったという人もいる。それはともかく、物語とはみな、神話あたりにその祖型があるものなのだ。

ところが、ナラティブは人の数だけあるときている。同じ落語でも、先代文楽、志ん生で聞くのと、円生、談志の高座を聞くのでは、まるで違った物語のように聞こえる。ナラティブが違うからだ。力点を置く場所、叙述の強調や省略、人物造形、それぞれの演者が、それぞれに微細な、しかし決定的な改変を加えている。演者の解釈がある。同じベートーベンの交響曲を聴くのに、フルトベングラーにカラヤン、チェリビダッケに朝比奈隆と、ファンがわかれるのはなぜなのか。指揮者のナラティブが決定的に違うからだ。

老学者のナラティブと寅さんのナラティブ

有限の物語を、無限のナラティブによって、読者に届ける。それが、わたしたちだ。わたしたちは、メディアなのだ。

〈media〉とは、〈medium〉のことだ。再び「リーダーズ英和辞典」を引くと、こうある。

a媒介物、媒質、媒体、導体「空気は音の媒体である」
b手段、方便、（マス）メディア、記録［記憶］媒体《磁気ディスクなど》
c仲介者、巫女《みこ》、霊媒

だんだんはっきりしてきただろう。

aメディアとは、媒質である。

池に石を投げたら、波がおきる。波が、対岸に届く。これが文章だ。対岸にいる他者に、ある種の力学的作用を及ぼす。対岸にいる読者に向かって、石を投げるのではない。池に、石を落とす。

bメディアとは、記録媒体だ。

〈このわたし〉がいなかったら、だれからも拾ってもらえなかった声。生者の声もあれば死者の声もある。いまだ生まれざる未来の人間の声もある。動物や樹木の声もある。その声を、注意深く聞き、文章に記録する。

cメディアとは、巫女、通訳である。

なにかに心を動かされるほど感動した。人生を変えられた。その体験は、独り占めにしてはいけない。他者に伝える。自分の感動を、自分の語彙で、自分のスタイルで、そして自分だけのナラティブで、他者に通訳する。

具体的に、ナラティブをどう学ぶか。語り芸で聞くのが、いちばんだろう。落語、浪曲、講談、説経節、小説や詩の朗読ＣＤでもいい。買ってほしいし、カネのない若者ならば、図書館から借りまくってもいい。片端から聞いてみる。

たった一枚のＤＶＤを見るのでも分かる。「男はつらいよ　噂の寅次郎」を見てみよう。

寅さん（渥美清）は、親戚である老学者と山奥のバスで偶然出会い、旅を共にする。カネづるができたと、さて安心して遊びまくる寅次郎に、ある夜、老学者が昔語りを始める。今昔物語にある、男女の悲恋話。

昔々あるところに、絶世の美女がいた。ある男が、苦心惨憺《さんたん》、口説き落とした末、女を妻として迎えることができた。しかし、女はやがて病を得る……。

志村喬が演じる老学者の語りには、淡々とした味があってよい。人生の「無常」がある。

深く打たれた寅次郎は、〝修業〟の旅に出る。しばらくのち、故郷の葛飾・柴又へと立ち寄った寅次郎が、さくらたち家族にこの話をする。寅次郎は、テキ屋、行商人である。その語りは、少し肉付けしてあって、道行くおじちゃんおばちゃんの足を止めるたぐいのものだ。枯淡とした老学者より、もう少し、肉体的だ。隣にいる古女房、甲斐性《かいしょう》のない旦那に、ふと優しい目を向ける。そんなナラティブ。

ところで、今昔物語の原典にじっさいあたってみると、老学者のナラティブもずいぶん違っていることに気づく。

また、夢野久作の『ドグラ・マグラ』にも、これとよく似た話が出てくる。上記のいずれより写実的で、怪奇色が強い。江戸川乱歩「虫」は、まさにこの死体の腐敗をテーマにした、別の語りだ。黒沢清監督の映画「CURE」は、無意識のうちにこれらのナラティブを作中に取り入れた、ホラー映画の世界的な傑作だ。

「てにをは」を味方につける

ナラティブを、「陳述の力」と言い換えてもいい。陳述の力とはなにか。それは、究極につづめて言うならば、「てにをは」の力なのだ。

古池や蛙飛び込む水の音　（松尾芭蕉）

柿くへば鐘が鳴るなり法隆寺　（正岡子規）

なぜ、古池「や」なのか。古池「の」、古池「で」ではいけないのか。なぜ、鐘が鳴る「なり」でなければならないのか。そう陳述することによって初めて立ち現れる風景がある、感情があるからだ。それがナラティブであり、文章の力だ。

物語は、すべて語られてしまった。いまさら、なにを語るのか。いま、ものを書く意味はなにか。人に話し、心を動かすことができ、また自分も救われる。そんなことが仮にも期待できるとすれば、それは、ナラティブの力を信じているからだ。ナラティブに、救われた経験が、あるからだ。

物語は有限である。しかし、ナラティブは無限だ。ものを書く者の、それが救いだ。

第5章

読ませるための3感

第16発

スピード感【3感・其の二】

——主語と語尾で走り出す。

ホップ

ダブりは乗れない

新聞や雑誌でデスクと呼ばれる仕事もしています。記者が書いてきた原稿を直し、見出しを立て、商品に仕立て上げる役割です。

次に掲げるのは、わたしがデスクをしているときに若手記者が書いてきた、いわゆる「暇ダネ」「絵解き」という原稿です。

〈2年2カ月にわたり続いてきた○○市中心部の天守閣イルミネーションが△日、消灯した。同日開かれたイベントには多くの市民が訪れ、終了を惜しんでいた。

イベントではイルミネーションの前の特設ステージでゴスペルやバンドのライブがあった。観客たちはライブを見たり、写真を撮ったりしながら終了を迎えたイルミネーションを楽しんでいた。午後8時20分ごろ、観客の拍手に見送られながらイルミネーションは消灯した。〉

とりたてて悪いところもないように思います。テレビのローカルニュースで、こういう原稿を読んでいるアナウンサーはいくらもいます。

しかしわたしには、なんだかとても、かったるく感じる。鈍行列車。スピード感がない。端的に、読みにくいんです。

元原稿には、短い文章に、イルミネーションが四回、イベントが二回、ライブが二回、消灯が二回、終了が二回、観客が二回出てくる。

〈2年2カ月続いた◯◯市の天守閣イルミネーションが△日、消灯した。特設ステージでゴスペルやバンドのライブがあり、午後8時20分ごろ、観客の拍手に見送られ電飾が落ちた。〉

これでよくないですか？　直したことは、言葉をかえて、ダブりを排除しただけです。ダブりというのは、文章のスピード感を削《そ》ぐ元凶です。ノリを悪くする。文章が、スウィングしなくなる。

文章にスピード感があるとはどういうことか。あっという間に読めてしまう。読めてしまう「気がする」ということ。その最も簡単なコツは、単純に、文章を短くすることです。

次は、塾で教えているフリーライターが書いてきた文章です。

〈「たしかに、嫌な神経を使います」。上司からのプレッシャーを感じているのは、都内の大手ＩＴ企業の男性（30）だ。通勤時間45分はなくなったが、かわりに増えたのは、ウェブ会議1時間だった。今まで、近くの席に座る上司とコミュニケーションを取る際、その場から声を掛けるだけでよかった。だが、テレワークではそうはいかない。チームの仕事の進み具合を共有するため、1日1時間のウェブ会議を開くことになった。〉

とくべつひどいとは思わないが、どうもわたしには読みにくい。止まってしまう。単に、文章を短くすればいいだけじゃないですか。

〈「たしかに、嫌な神経を使います」。都内の大手IT企業の男性（30）はそう話す。45分の通勤はなくなった。かわりに増えたのがウェブ会議。毎日1時間。上司からのプレッシャーを感じる。

今までのコミュニケーションは、自席で声を掛けられるだけだった。上司は近くの席に座っている。テレワークではそうはいかない。1日1時間のウェブ会議を開くことになったからだ。チームで仕事の進み具合を共有する。〉

二文に分けられるものは、すべて二文にする。原則として、そう考える。

リズムチェンジと変拍子――スピードの秘密

ただし、この方法もいつか必ず行き詰まります。すべての文章を短くすると、今度は単調で、読めたものではなくなってくるのです。

野球でも、スピードを感じるのは、緩急の出し入れがある投球です。緩いカーブが続いて、決め球にピシッと内角高めにストレート。だから、一三〇キロ台の遅いストレートでも三振がとれる。一五〇キロ台の豪速球でも、そればかり投げていたら、プロでは簡単に打たれます。

文章もまったく同じで、要は出し入れなんです。短文がずっと続く文章は単調で、むしろスピード感を削ぐ。短文と長文を出し入れする。効果的にリズムチェンジする。ここぞというときに変拍子を入れてみる。変拍子の文章とは、つまり、のりにくい文章ですね。

自分の文章を例に挙げて恐縮ですが、以下は、ハイライズという、それこそ高速ギターが売り物のバンドを評したコラムです。

〈ギターに引っ張られ、他の楽器もどんどんヒートアップしてくる。どんどんテンポが速まる。ドラムの手数が多くなる。（略）客の興奮も頂点に達する。と、ある臨界点にきて、演奏がバーンとはじける。このドライブ感、余人をもってかえがたい。

経験があるからわかるのだが、こういう音楽を聴きながら、車を運転してはならない。人を轢《ひ》く。〉

緩・急・急・急・緩・緩・緩・超速球

もうひとつ。わたしがニューヨークに住んでいたときに書いたコラムです。

〈ニューヨークは数年前からの漢字ブームで、この夏も、安っぽい生地に漢字をあしらったシャツが大人気である。ハーレムやブロンクスをうろつくと、豊富な品ぞろえで楽しめる。（略）

もっとも漢字ははちゃめちゃ。「斬」「殺」「帝」など、意味もなく並べるだけだ。「ナンセンスだよ」と教えてあげようかとも思うが、「ふーん、で？　お前と、どういう関係があるんだ」と張り倒されそうでやめにしている。

昔、日本の大手化粧品会社の広告に「For Beautiful Human Life」というキャッチコピーがあった。在日の英米人から「文法的に間違っている」などと苦情が寄せられ、新聞の投書欄をにぎわした。Tシャツやらまくらカバーやらにプリントされた「和製英語」も、「意味不明」と英米人の嘲笑のたねになった。最近では、Jポップ歌手の英語の歌詞が「間違いだらけ」と批判される。どうも日本人は「ふーん、で？」の迫力が足りない。

タイムズスクエアで忘れがたい漢字シャツを着た男とすれ違った。思わず後を追いかけ、「クールだねぇ。どこで買ったの」と聞いてしまった。胸の漢字は、「三角形」。

なんなんだそれは？〉

最後の二文を、揺れながら落ちる速球にして、三振を狙っていますよね。分かりやすい配球です。

しかし、その前の段落、「For Beautiful Human Life」というCMのくだりに注目してもらいたいんです。この段落じたいが、全部、緩い球になっている。別のことに話題を向け、話を展開して考えさせ、流れをいったん、押しとどめている。緩い球というより、変拍子ですね。

そこに持ってくる決め球二つ、なんです。

この節から、スピード感、リズム感、グルーヴ感を考えます。「3感」は、文章を書く要諦です。ただ、ひとつひとつのテクニックよりも、「3感」を意識することの方が重要です。意識さえすれば、必然的に言い換えを試みることになる。言い換えるとは、考えることです。世界をよく観ることです。いままでと違う、他人の感覚ではない、自分自身の、ただひとつの世界の見方、切り取り方、考え方にたどり着く。

自分だけの言葉をたぐり寄せる。そのためのスピード感、リズム感、グルーヴ感と考えた方が、実情に近いです。

ステップ

日本語は非論理的なのか？――主語の省略・敬語表現

「日本語は非論理的だ」とされる。情緒的で、なんとなく空気を読んで意味を伝える言葉だと。その主張の柱の大きなひとつが、省略問題だ。日本語は、主語を省略するから、非論理的だというものだ。

たしかに、日本語は主語を省略する言語である。しかし、断っておくがそれはなにも日本語だけの特性ではない。たとえばスペイン語は主語を省略する。動詞の格変化で主語が分かるからだ。

日本語も、主語をわざわざ書かなくても分かるから、省略しているだけなのだ。日本で特異に発達した敬語表現、つまり尊敬語、謙譲語、丁寧語等は、だれがだれに向かって語っているのかが分かる方位器だ。

源氏物語を原典で読み通した人は多くないだろうが、主語の省略たるや、現代人のわれわれからすると、拷問のようなものだ。しかし、これは作者の紫式部が下手だから、または言語としての日本語があいまいだからでは、断じてない。敬語の教科書といわれるほど正確に、尊敬語、謙譲語、丁寧語を使い分けている。登場人物たちと同じ社会階層＝貴族ならば当然、主語を判別できるシステムで書かれている。

つまり敬語は、尊敬や謙譲の美徳のあるなしを測っているのではなく、話し手や聴き手の教養をうかがっているのだ。敬語によって、しかるべき知性を持っているかどうかを、判断する。いわば、敬語でゾーニングをしているのだ。

逆に、たとえば英語は、どんな文章にも主語がないと気がすまないという、たいへん四角四面な言語だと言える。「今日は天気がいい」は、「It is fine」だが、形骸化してほとんど意味のない「It」を主語に持ち出さなければ気がすまない。

法律文書がなぜあれほど読みにくいか。契約書が、だれも読まないような、読めないような文章で書かれてあるのはなぜか。のちに争わないよう、誤読の余地がないように、主語を含め、すべて省略なしで書くからである。

適度に主語を省略するのは、文章にスピード感を出すためだけでなく、分かりやすくするために必須の文章術でもある。

僕は嫌な夢を見ていた。

僕は黒い大きな鳥で、ジャングルの上を西に向かって飛んでいた。僕は深い傷を負い、羽には血の痕が黒くこびりついている。西の空には不吉な黒い雲が一面に広がり始め、あたりには微かな雨の香りがした。

夢を見たのは久し振りだった。

（村上春樹『風の歌を聴け』）

村上のデビュー作で、自分でも好きな作品にけちをつけるわけではないのだが、この短いかたまりに、いかにも主語が多いのではないか。「僕は」が三度出てくる。わたしの感触では、一番目と三番目の「僕」は、いらない気がする。

新鮮な文体でデビューした村上は、この作品を、最初、英語で書いたのだという。英語で書き、自分で日本語に戻す。そういう、トリッキーな方法で書いたというが、もしかすると、この「僕」が連続するのは、最初に英語で書いていたことと関係するのかも知れない。

現在形が過去も未来も語るなら

それはともかく、ここで注目してほしいのは主語ではなく、語尾だ。

一文目から「〜た」「〜た」「〜る」「〜た」「〜た」。日本語の時制で過去形、過去形、現在形、過去形、過去形の順に並んでいる。三番目に現在形がくるのは、それが現在のできごとだからかというとそうではない。やはり、夢の話。語り手の視点からは過去形にならなければ、英語ではおかしい。

じっさい、英語版ではこうある。

I was a big, black bird, flying westward over the jungle, a deep gash in my side, wings spattered with blood.

スペイン語では、線過去になっている。

「Me habia hecho una herida」であり「tenia adherido el rastro negruzco」だ。

ちなみにフランス語では複合過去、ドイツ語では現在完了形だった。

日本語の現在形時制は、現在の状態や習慣だけでなく、過去、未来の意思も表せる。話し手の意識を時間軸の上で移動させる「歴史的現在」形は、日本語に限ったことではないが、日本語表現にはことに多用される印象がある。「日本語には時制がない」という学者さえいる。だがこれは日本語があいまいだとか非論理的というのではなく、それだけ包含力のある時制、弾性のある言語だと考えた方がいい。現在形が、過去も未来も語る。語り手が、自由に時間軸を移動する。臨場感を持たせる。ナラティブで、読者をのせるタイムマシン。悪いことではないのだ。

語尾を少しずつ変えるのは、日本語でスピード感を持った、流れるような文章を組み立てる要諦だ。

英独仏西、ヨーロッパ系の言語は、一般に、過去形の時制変化が豊富である。フランス語で言えば、過去を表すのに複合過去、近接過去、半過去、大過去、単純過去といった形がある。スペイン語にも、点過去、線過去、現在完了、過去完了とある。日本語の学習者にとって、ヨーロッパ系言語の時制はもっとも大きな躓《つまず》きの石だ。

また日本語の場合、時制を表す述部が、ヨーロッパ系言語と違って文末にくるものだから、単調さが目立つことにもなる。

単調な繰り返しを避ける、逆に、続けて脚韻の効果を出す。いずれにせよ、ライターが覚えておかなければならないのは、文末の時制は、文頭の主語と同様、繊細に考え抜いて置かなければならない小石だということだ。

人が語ることの大半は、過去のことだ。その意味で、人は過去に生きている。そして文章は、過去を現在に生き返らせる蘇生の祈禱《きとう》だ。

第17発

リズム感【3感・其の二】

——静かな文章でも話芸から盗める。

ホップ

語り芸を聴き倒せ——落語、浪曲、講談、小説、詩

公立図書館には、落語や浪曲、講談と、語り芸のCDがずいぶんそろっています。小説や詩歌の朗読もいいですね。こうした文芸CDを、片端から借りましょう。

そして、気に入ったCDがあったら、迷わず買う。文章を書く人が、本やCD、ライブのチケットにカネを惜しむようになったらおしまいです。音楽で得たカネは、音楽に返す。文学で稼いだら、文学に返す。

ついでに、プロ志望者に向けて言えば、若いうちは図書館で借りてもいいのですが、そこそこ文章で稼げるようになったなら、本も、音楽も、著作者に還るかたちで買わ

なければ、だめです。ブックオフで買ったり、アマゾンで中古品が出るのを待つなんてのは、最低の下司です。自分の心に痕跡が残された。その痕跡の証しは、作者に返したい。そう思えない人が文章を書こうなんざ、ちゃんちゃらおかしい。

「ちゃんちゃらおかしい」。これは、わたしのもっとも好きな啖呵《たんか》のひとつです。ある日から、好きになったんですね。二代目広沢虎造の浪曲を聴いてからです（図書館でカセットテープを借り、はまって、すぐに全集CDを「ちゃんと」買いましたよ）。

東海道の大親分、清水次郎長一家にその人ありと知られた名物男、森の石松の最期。「お民の度胸」から。

十人のやくざ者から卑劣千万なだまし討ちにあった石松は、兄弟分である七五郎の家に難を逃れます。覚悟を決めた七五郎、「おれが斬られて女に泣かれちゃあ、かなわねえ」と、家にいた女房のお民を離縁しようとします。十本の長脇差《ながわきざ》しが石松を探しに来る前に、お民、おめえは離縁するぜ。実家に帰《けえ》っちまいな。けえれ！

ところがお民、少しも驚かない。驚かないどころか、笑っている。なに笑ってやんでい。

「おかしいから笑ってんだよ。偉そうに啖呵切ってんのかい？　おかしくってしょうがないよ。ただおかしいんじゃないよ。鳴り物が入って、ちゃんちゃらおかしいてんだよ」

あんたの度胸は蛇がとぐろを巻いてる。あたしの度胸は大蛇がとぐろを巻いてんだ。女房お民が、逆に亭主に啖呵を切っている。名場面です。

パロール（話し言葉）をエクリチュール（書き言葉）に移植する

虎造師匠の浪曲からは、わたしもずいぶんネタをいただいたものです。

「てっぺんから間違ってる」

「縁と命があったらば……また会おうぜ」

「ひとつ忘れちゃいませんかてんだ」

ふつうに原稿を書いていて、よくこういう文章を書いてしまう。


お民の度胸では、「鳴り物入り」というところが、最高におかしい。やくざ者も、こういう見事な啖呵を切られたら、引き下がるほかないんです。やくざ渡世こそ、啖呵の世界、言葉の世界で生きています。

ただ、お民の啖呵の度胸を、書き言葉にそのまま直しても、あまり効果はあがらない。虎造師匠の、胸のすくような勢いは出ません。

パロール（話し言葉）とエクリチュール（書き言葉）は、本質的に違います。わざわざフランス語で書いているのは、かっこうつけているのではなくて、意味があるからですが、それについては第25発で書きます。ここで言いたいのは、パロールをエクリチュールにそのまま移し替えるのではなく、リズムの、いわば〈構造〉をお借りする、ということなんです。

いくら腕っ節の強い七五郎でも、ずらりっと並んだ十本の長脇差しを相手にするんで、さすがに気負いがある。武者震いしている。ところへ女房のお民が、「お前さん、粋に死んじまいな」と、背中をぽーんと叩いているんですね。「可笑《おか》しい」「滑稽しい」「怪《おか》しい」。言葉を重ねる。畳みかける。鼓舞し、笑わせ、発破をかける。

文章で同じ言葉を続けるのは、一般には禁則とされます。しかしパロールでは、こうして「おかしい」を数回続けるあえての重複で、リズムを刻むことはあり得る。勢いを出す。その〈構造〉をまねるんです。学ぶんです。

エクリチュールに「間」をつくる三つの方法

ナラティブとは、陳述のことだと書きました（第15発）。陳述を構成する大きな要素が、「間（ま）」です。

パロールには、「間」がついてまわります。語の勢い、発話するタイミング、アクセント、イントネーション、声音を含めた色つや、語り手の表情まである。それらがすべて、「間」を構成します。

それに対して、エクリチュールの武器は少ない。書き言葉というのは、とても静かなものです。むしろ、平静さこそ、エクリチュールの本質です。

エクリチュールの「間」をかたちづくる武器は、以下の三つくらいです。

①句読点
②「」『』〝〟（）◇の括弧類
③改行、一行空きのグラフィック効果

①句読点。句点は「まる」、読点は「てん」ですね。リズムを出すときに使う最大の武器です。読点でほんの一瞬、息つぎする。スペースが入る。句点の間《ま》の方が読点

の間より、わずかに長い。書き上げたら音読してみてください。句読点の位置を、あだやおろそかにしてはいけません。新聞社では、デスクが原稿を勝手に直すことがよくあります。句読点の位置を平気でずらす。どうでもいいだろうと思っている。そのとき、わたしは知らぬ顔で元に戻す。意地でも、何度でも、戻す。どんなに長い原稿であろうと、たとえ読点ひとつ移動させただけでも、ライターはすぐに気づく。そうでなければ、本物ではありません。

②かぎ括弧「」は、引用文ですね。単語を「」で囲むと、いわば、という意味になります。いわば〇〇。それに対してひげ括弧〝〟は、ほんとうはそうではないんだけれどいわゆるところの〇〇、にせの〇〇という意味になります。よく間違えるので注意してください。

かぎ括弧で息つぎは入りませんが、視覚的にキーワードとして際立たせる効果がある。パロールでは、ちょっと声を張り上げるところ、声音を変える色つやにあたります。

③改行は、論理が変わるときに使います。論理が変わるときにしか、本来は使ってはならない。具体的には、接続詞を入れたいときです。「そして」や、「しかし」、「と

ころで」で話頭を変える。そういうときに、段落を変えます。

わずかにこれくらいです。

ところで、最近は一部をゴシック文字にしたり、文字の大きさ（ポイント）を変える本も多いです。本来は書き言葉の平静さと相反する方法です。わたし自身は好んで使いません。飛び道具だと思っている。これを多用すると、平静さのうちにリズムを出す工夫がおろそかになる。初心者には薦めません。

かつて『おいしい資本主義』という本を書いたとき、ある書評で「活字世界のラッパー」と評してもらいました。これは、一生の宝物です。

落語、浪曲、講談、歌舞伎、短歌、俳句、講演、ヒップホップ……エクリチュールのリズムの教材は、パロールにあります。だからこそ、わたしたちは、説経節、歌舞伎に義太夫、狂歌に漫才も含め、語り芸といわれているものはすべて、勉強しなければならないんです。パロールの〈構造〉をまねして、エクリチュールの本質である静謐さに、移植するんです。

難しいことじゃない。聴きまくればいいんです。聴くのは、読むのより、ずっと楽です。散歩しながら。寝ながら。身動きできない満員電車でも聴けます。

静謐さの中に自然と湧き出でるリズムは、ライターにとって、一生研究するに足る高峰です。そして、感性とは、努力で鍛えられる天性なんです。

ステップ

日本語のリズム構造

文章にリズムを出すためには、日本語のリズム構造を知っていなければならない。以下は、やや面倒だが、プロのライターとしては知っておくべき基礎知識だ。

日本語のリズムは、「拍」でなりたっている。

〈赤いリンゴに唇寄せて　黙って見ている青い空〉

アァ—カァ—イィ—□リ—ン■—ゴ■—ニ■—クチ—

ビィ—□ル—ヨォ—セェ—テェ—□■—□■—□■—

□は表拍、■は裏拍。音韻（「ア」や「カ」など記号として表象される最小単位の言語音）の長さは、日本語の場合、等時、同じ長さである。

そして、基本的に強弱なく発語される。強弱リズムをもたない拍音形式が、話し言葉としての日本語の基本構造だ。基本的リズムは等時的拍音形式で、また、それぞれの音の融合を避けることが正しい発語とされる。

英語やフランス語は、強弱リズム形式で、音の融合が基本だ。日本人の英語を、英語話者が聞き取りにくいのは、ひとつには、音を融合させない、リエゾンさせないからだ。日本語のように、音素を几帳面《きちょうめん》にひとつひとつ発話しようとするので、かえって通じない。

日本語は拍のリズムで読ませているということを、まずは肝に銘じるべきだ。

猫も杓子も七五調

ウリやナスビの花盛り
伊勢に七たび熊野へ三度
芝の愛宕へ月参り
さればとて墓に布団も着せられず

こうした文章を、拍形式を意識せずとも、われわれはつい五音、七音で区切って読む。読んでしまう。

日本語のリズムというと、すぐに七五調のことと勘違いする輩がいる。なにかというと五七五で文章をつないでいく。これは、大きな誤りである。じっさいに書いてみると分かるが、こういう文章は、とても読めたものではない。

なぜか。内容空疎になるからだ。完全に七五調の拍を作ろうとすると、必ず無理が生まれる。その無理が、必然性のない、無意味な言葉を挟ませる。

浪曲や講談も、けっして、すべてを七五調で語っているわけではない。ライターは平家物語を全編、音読するべきだ。ここぞというときに、自然に文章が歌い出す。七五拍のリズムが、文章全体を律するリズムとして浮き出てくる。

わたしは、わたしになると、いま、決意する。生きるために食っているのではない。食うならば生きる。殺す以上は、生きるのだ。
生き延びろ。そして、善く、生きろ。
空にむかって言ってみる。土より上が、空である。

（近藤康太郎『アロハで猟師、はじめました』）

拙著で恐縮だが、最終盤の、本のクライマックスでの文章だ。猟師であるわたしが、けものの命を奪う意味を問いかける。

明確な七五調の拍音形式を、慎重に避けている。他者の命をとるという、ことの重大性に、軽薄な印象を与えるのではないかと危惧したからだ。

しかし、「食うならば生きる」以後の五つの文章には、あきらかにあるリズムを構成しようという力学が働いている。句読点と段落の位置が、リズム感を暗示する。じっさいに読者が黙読しているとき、七五の拍は意識されないかも知れない。気づかれないかも知れない。

気づかれないのが、いい。一般に、躍動している文章には、覚知されないリズムが埋め込まれているものだ。

出しゃばらない。出過ぎない。書き手は表に出てこない。

リズム感は、本来、シャイでなければ出せないものなのだ。

第18発 グルーヴ感【3感・其の三】

——推敲でサウンドチェックする。

ホップ

形容詞はひとつだけ——フランスの虎の穴の噂

フランスにクレマンソーという政治家がいました。第一次世界大戦を率いて独壊に勝利し、「フランスの虎」といわれた名宰相ですが、もとは新聞人です。

新聞社の幹部だったころ、記者たちには、とにかく簡潔で、事実だけを正確に書けと指示していたそうです。だから、形容詞は使うなと。

「どうしても形容詞が使いたかったら、一つの文にひとつだけは許してやる。しかし、おれのところにはんこをもらいに来い」と言ったというんですが、なんだか落語みたいですね。フランスにはんこなんてないでしょうから、どこかで潤色、もしくは記憶の改変がある。

しかし、これは意外に、文章の核心をついています。

初心者は、極端ですが、形容詞を全部やめてもいい。第4発にも書きましたが、「美しい花」だの「美しい海」だのと書かれると、ほんとうにがっかりする。それ以上読みたくなくなる。

形容詞とは、「美しい」「悲しい」「高い」と、言い切り形が「い」で終わる言葉のことです。ものごとの性質、状態を表す品詞ですが、形容詞だけでなく、連体修飾語や連用修飾語を含めた、広義の形容語を、このさい、いっさいやめてみる。いや、なにも一生やめる必要はないんです。自分の文章を、自分自身の言葉で書いていると確信ができるまで、ものごとの性質を形容しない。

そのかわり、事実を書くんです。

映画を観て、「スリリングな展開に、思わず手に汗握る」とか、みんな、ライター初心者は書きますよ。ほんとうに全員、書く。

第4発でも書きましたが、まず、「手に汗握る」という常套句がうそです。汗なんか握っちゃいません。第3発「すべる文章」で書きましたが、「思わず」も余計な夾《きょう》雑《ざつ》物。文章がすべる感覚を削ぐ。

なにより「スリリングな」という形容語がいけません。スリリングな映画を、「スリリングな映画」と書くな。スリリングと書かないで、読み手に映画のスリルを伝える。文章を書くとは、そういう仕事なんです。

伏線の張り方、登場人物の視線、物陰の気配、音楽、カット割り……。そうした、映画の中にはたしかに存在する「事実」、それに気づくこと。事実を積み重ねて書いて、そうして、あとから思い出しても首筋のあたりに感じるような、高いところから一挙に落下するようなあの感覚、スリルを、読者に伝えるんです。

小うそは姑息——罪深い比喩表現

形容語の次は、比喩表現について。

きりん
きりん
だれがつけたの？
すずがなるような

ほしがふるような
日曜の朝があけたような名まえを
（略）
きりん
きりん
きりりりん

（まどみちお「きりん」）

われら凡人はぐうの音も出ないですね。鈴が鳴るような名前。星が降るような名前。日曜の朝があけたような名前。

自分でもいつかこんな、鋭利な、それでいて温かくてわかりやすい、すてきな比喩を書いてみたいものです。まあ、先は遠いですが。

次の日三人は表へ出て、遠く濃い色を流す海を眺めた。松の幹から脂《やに》の出る空気を吸った。冬の日は、短い空を赤裸々に横切って大人《おとな》しく西へ落ちた。落ちる時、低い雲を黄に赤に竈《かまど》の火の色に染めていった。

（夏目漱石『門』）

主人公と親友、親友の恋人。のちに三角関係に陥る三人が、冬の夕暮れを眺めるシーンです。色彩。匂い。風の音も聞こえる。日と火の対照が鮮やかだし、なにより「短い空を赤裸々に横切って」という比喩表現に、しびれます。

冬の日は短い。その時間的な短さを、「空の短さ」として、空間的な短さに写像変換して表現している。時間と空間は等価だという、アインシュタインの相対性理論を、漱石は当時から英語で読んでいたんじゃないでしょうか。

視覚、嗅覚《きゅうかく》、聴覚を総動員した比喩表現。漱石先生のこうした比喩表現には、裸足で逃げ出すほかないです。

「ぐうの音も出ない」とか「裸足で逃げ出す」とか、それこそ常套句で降参してしまったわれら凡人は、比喩表現からは、しばらく遠ざかっていた方が身のためです。

〈夜のとばりが降りたすり鉢形の劇場に、約1万5千人が集まった。〉
〈夜のとばりが下りるころ、ヘッドハンターは動きだす。〉

これらはいずれも最近の全国紙記事からですが、うそをつけって。

だいたい、現代に生きている人間が、「とばり＝室内の仕切りにおろす垂れ布」なんて、見たことあるわけない。わたしたちは、つい「夜のとばり」とか書いてしまうんです。「小川のささやき」だの、「愛の結晶」だのと、なにも考えずに書き飛ばす。陳腐であるだけでなく、思考停止であるがゆえに、こうした比喩表現は罪深い。最初に「夜のとばり」と書いた人は、それは、偉かった。豊かな想像力でした。しかし、いま書いている人間は、猿まねの猿知恵です。

このへんの、うそっぽくて安直な表現については、正岡子規が『歌よみに与ふる書』で、こてんぱんにやっつけています。

嘘を詠むなら全くない事、とてつもなき嘘を詠むべし、しからざればありのままに正直に詠むがよろしく候。（略）「露の落つる音」とか「梅の月が匂ふ」とかいふ事をいふて楽む歌よみが多く候へども、これらも面白からぬ嘘に候。（略）「花の匂」などいふも大方は嘘なり、桜などには格別の匂は無之《これなく》、「梅の匂」でも古今以後の歌よみの詠むやうに匂ひ不申候《もうさずそうろう》。

うそをつくな。つくなら、大きいうそをつけ。ちょっとリズムがいいからって〈夜のとばりが下りるころ〉なんて七五調に逃げない。だって、内容空疎ですよ。

書くことはフィジカルな活動

だれでもない、〈このわたし〉が体験した夜の暗さを、自分だけのオリジナルな表現で書く。比喩が体の内側からわいてこなかったら、もういいんです。ただの「夜」で。すぐにばれるうそをつくくらいなら、ぶっきらぼうな正直さのほうが、よほどいい。文章修業をしているあいだに、しぜんと、体の内側から出てくるもの、それがオリジナルな比喩表現です。「Time is on my side」。時間を味方につけましょう。わき出てくるまで、待ちましょうよ。

熱くなって、冷たくなれ。

大きなうそを書くためには、熱くならなければいけません。夢中になって、自分だけの、〈このわたし〉が感じた比喩表現を探しあてる。

また同時に、冷たくならなくてはいけないんです。自分を外に、突き放す。頭を冷やすというか、周囲を見るとか、そういう意味合いです。醒《さ》める。

バスケットボールでいくらドリブルがうまくても、周囲が見えていなければ、シュートまでもっていけない。自分がシュートするべきなのか、味方にパスするのかを瞬時に判断する。パスするにしても、パスコースはあいているのか、敵の選手と味方選手が、それぞれどこにいるのか、どちら方向に出せば味方はスペースに走り込むことができるか。そうしたことを、瞬時に判断する。

これは、空間認識能力ですね。

文章も同じです。読者を、二、三歩、走らせるんです。読者の少し前のスペースに、パス（文章）を出す。少しだけ、意外な思いをしてもらう。その武器のひとつが、この節で言う比喩表現なんです。「すずがなるような」きりんという、読者を助走させるパスを一回出しているから、二回目、三回目のパス「ほしがふるような」「日曜の朝があけたような」が通る。すべてきりんのことだろうと予想がつくから、やや無理筋の比喩が理解できる。長くて速いパスが通じる。読者は捕球できる。醒めた、冷静な空間認識能力に支えられた比喩表現。

文章を書くとは、みなが思っているよりも、ずっと肉体的なもの、運動に近いものです。その運動は、次に書くように、「グルーヴ感」に直接、関わってきます。

ステップ

体が勝手に動き出す

グルーヴ感とはなにか。

本論の前に少しだけ寄り道を。わたしは「ヴ」を、原則、使わない。それが「うそ」だから。インタヴュー、ライヴ、ラヴソング、ポジティヴ、ヴィヴィッド、ベートーヴェン……。

アルファベット表記でvならばヴ、bならばバ行とするというのだが、端的に言って、これはうそだ。日本人で、子音を読み分けて発話している人が、いるだろうか。「デビューは、ビだったか、ヴィだったか」と、一瞬考えているのだ。辞書も引くだろう。じじつ、ラヴソングと書く音楽雑誌が平気でテレビと書いている。テレヴィジョンだろう。茶番なのだ。

しかしわたしはグルーヴ（groove）感と書いて、グルーブ感とは書かない。グループ（group）と読み間違えられることが多いから。それだけの理由。すべては変わる。状況によって、変わる。変える。

さて、グルーヴ感とはなにか、である。

「groove」とは、「溝」のことである。レコードの表面に彫ってある溝に、レコード針がはまって音楽が流れ出す。あの感覚。ジャズでもロックでもソウルでも、溝にはまった演奏が、いい演奏だ。のれる演奏だ。体が勝手に動き出す。音楽は運動だ。グルーヴが命だ。

そして、これは文章にもそのまま当てはまる。のれる文章が、いい文章だ。グルーヴ感のある文章こそ、わたしたちの求めるべきものだ。

媒体ごとに書き分ける理由

わたしは原稿を編集者に渡すまでに、最低でも六回は書き直す。新聞や雑誌ならその都度、本であれば第三稿から、紙に印刷して、推敲《すいこう》する。ひどいときは三十回以上もプリントアウトして書き直す。

文章が分かりにくくないか、論理の筋道が通っているかといった推敲は、最初の段階で済んでいる。あとはなにをしているのかと言えば、グルーヴが出ているか、サウンドチェックをしているのだ。小さく音読する。流れるように読めるか。つっかえるところはないか。句読点の位置は適正か。

印刷するときは縦書きで。新聞、雑誌、本、それぞれのメディアにあわせて一行何文字というスタイルに整え、印字する。読者と同じ状態で読む。

最後は、プリントした紙を、目から離す。読むというより、眺める。絵を見るように、全体の色みを見る。黒っぽいところは、文章が詰まっているところだ。漢字が多いところだ。色みを修正する。漢字をひらがなに直す。単に漢字をひらがなに開けばいいわけではない。ひらがなで通じる文章を、挿入する。合いの手のような文章。読み手に、ひと呼吸させる。

新聞のグルーヴ、雑誌のグルーヴ、本のグルーヴ、ネットのグルーヴ、すべて違う。新聞は、真っ赤に燃えている光だ。事件事故や、頻繁に移り変わるニュースを、事実だけシンプルに、短い文章で、簡潔に、スピード感をもって書く。一行十二文字ということは、読者の目もきわめて短い時間に上下している。

一方、書籍は一行三十字以上ある。見開いて三十行以上はある。目の上下運動も、ゆったりした時間の流れだ。そこに載せるグルーヴが、新聞と同じでいいわけがない。また、新聞には使うことのできない、極端に長い文章、曲がりくねった論旨、ねじれ感、音楽でいえば変拍子のような文章を挟み込む余裕ができる。深くて、紫色の色調。

だから、いちばんつまらないのが、新聞や雑誌で連載していた記事を、そのまま書籍化することだ。短いグルーヴの文章を、長いグルーヴの容れ物に工夫なく収めるのだから、ちぐはぐだ。大波のエネルギーを受け、体ごとさらわれていく感じがしない。

新聞記者としてキャリアを始めたわたしが、雑誌に書き、書籍を出し、ネットにも書くようになった。その大きな理由は、カネとか名前を売るとかいうことではなく、この、グルーヴの違いに魅せられたからだ。グルーヴ感の違いは、文章の違いそのものである。

本書をここまで読んだ人は、うすうす、感づいているはずである。

文章の違いとは、人間の違いである。人格の違いである。複数のグルーヴ感を持つ人は、複数の人格を持つ人だ。異なるグルーヴを持つということは、人生がカラフルになることを、直接的に意味する。

けだし、ものを書くとは、一生を賭けるに足る仕事である。

第6章

自己管理の技術

第19発

意見や助言

――人の話は、聞いて、聞くな。

ホップ

ラブレーの巨人とラカンの指摘

自然は、眼や舌や、その他の肉体の色々な孔口《あな》には扉や囲いをつけたのに対して、耳を作るに当っては、これを開き放しにしたことは、もっとも至極だと思うぞ。

（ラブレー『ガルガンチュワとパンタグリュエル物語』）

五百年も前の奇書、しかも大部な書物なので、なかなかいまは読み通すのが難しいかもしれませんが、ともかく、この巨人が言うことは真実です。「耳を傾ける」ということ。

どんなにくだらないと思うことでも、聞くのはただです。カネはかかりません。「時間のむだ」という人がよくいますが、時間のむだだったかどうかは、「時間」が過ぎてみないと分からないのです。またそんな減らず口をたたく人に限って、むだに過ごしているもんです。

「肉体のいろいろな孔口には扉や囲い」がついています。まぶたは閉じることができるし、唇は結ぶことができる。嫌なものは見ない。馬鹿なことも言わない。そもそもがくだらない世の中を生きるうえで、これは死活的に重要です。

鼻には扉がありませんが、囲いはあります。鼻から息を吸わないことは可能です。

しかし、耳にだけは、扉も囲いもない。

フランスの偉い精神分析学者も、「耳は無意識の領野の中で閉ざすことのできない唯一の孔《あな》」（ラカン『精神分析の四基本概念』）と書いています。

なんで耳をふさぐ必要がありますか？　いい文章を書きたいという人間は、どんな下劣な人間からでも、学べます。

わたしが新聞社に入って二年目のとき、どうにも気の合わない上司にあたったことがあります。いつも不機嫌そうな顔をして、記事の書き方や仕事の本筋はなにひとつふれず、また教える技量もなさそうで、カネの使い道だけは異常に細かくて、上にへつらい、下に厳しい。

その小物デスクに、一回だけ原稿のことで注意を受けたことがあり、よく覚えています。

「やる」と書くな。

〈昔は馬鹿なこともやったものだ〉

〈やるべきことをやれ〉

そう、書いてはならない。〈馬鹿なこともした〉〈するべきことをしろ〉でなければならない。「やる」というのは、セックスか、殺人だけだ。下品である。

これが正しい解釈なのかどうかは、議論の分かれるところでしょう。ただ、「やる」という行為動詞を、品がないと受け止める感性がある、そういう人もいるということだけは、分かります。そしてわたしも、品がないと受け止めるその感性を、なかなかいい、悪くないと思った。文章を書くとは、品格のある人間になることです。

世界でいちばん文章が下手なわたし

どんな愚劣な相手からも、聞くべきことはあるんです。相手も愚劣かもしれないが、自分だって、大した者じゃないんです。

「一番下の意識をもて」ということ。

猟師修業を始めると、弾はあたらないし獲物に気付かれるしで、猟の師匠に怒られてばかりです。鉄砲の腕を怒られるのはまだ我慢もできるんですが、「そんなことだから、女の子にもてない」だの、「書いてるものも、的外れなんじゃないの」とか、無遠慮に踏み込んできます。「女の子はいいけれど、おれに向かって文章のことを言うか、このど素人が！」といまいましいったらないですが、まあ、がまんしますよ。たしかに、山で一番鉄砲が下手なんだから。うまくなりゃいいんですよ。一番下だと思っていればいいんですよ。

作家の色川武大が対談でこんなことを語っていました。

たとえば映画が躍進してきたころ、映画は下だと思ってたのね。（略）文学にもコンプレックス、芝居にもコンプレックス、だけど、みんなともかく取れた。みんな恥も外聞もなく取って太ってきたわけでしょう。そのうちに下じゃなくなっちゃうわけね。そうすると、今度次のやつが、一番下がそういうふうに取れるやつが次の時代にのり代わってくるわけ。だから、いまでいえば、劇画はどっからだって取れるわけね。だから、ある意味では、たとえば小説書きなら、小説書きが、一番下の意識を持たないといけないいんだね。

（立川談志『談志楽屋噺』）

文章も同じです。自分は世界で一番文章が下手。そう思っていなければなりません。わたしは三十年以上、プロのライターとして書き続けています。人にほめられることも、けっこう多いです。「近藤節」だの「近藤ワールド」だの評される。

だからなんなんだ。

おまえなんて、ちっともうまくない。下手っぴいだ。悔しかったら、夏目漱石や中島敦や大西巨人みたいな文章を書いてみろ。

謙遜でも衒《てら》いでもなんでもなく、心の底から、わたしはそう思っています。そう思わなければならないと、思っています。

おまえが一番下なんだ。どこからでも取ってこい。耳はいつでも開けていろ。

ステップ

修正依頼に対する心構え

ミケランゼロであったか、彫像をほり終えた時、その依頼者が下見にきた。そして少しその像の鼻が高すぎると難をつけた。

ミケランゼロは、一握の大理石の砂をひそかに握って、足場を昇り、あたかも、その鼻をけずるかのようなしぐさで槌を動かせて、少しずつ、その大理石の砂を掌《てのひら》からおとしていったのである。（略）

依頼者は「ああ、具合よくなった」といって、得々として帰っていったという。

（中井正一「一握の大理石の砂」）

中井正一は戦争中に治安維持法違反で逮捕されたこともある気骨の美学者である。なにしろ、骨はもっていなければならない。

編集者の言うことは聞け。

聞いて、聞くな。

ミケランジェロにとっては、この依頼人が編集者であったろう。当時は今のように美術マーケットなどないから、カネを出してくれる依頼人＝パトロンがいなければ、製作することはかなわなかった。

モーツァルトは驚くほど多くの作品を残していて、そのうちのまた驚くほど多くが傑作で、人類の宝なのだが、駄作も山ほどある。当時の編集者＝パトロンである王侯貴族たちの望みで、書き飛ばしていったのである。

ミケランジェロやモーツァルトら、人類史上の大天才にして、そうなのである。ましてやわれら凡夫は、編集者、つまり最初の読者の〝難癖〟は、すべて、いったん、聞くのである。

聞いて、聞かない。

一握の大理石の砂をひそかに握って、文章に向かい、文章を直す。

編集者が、たとえば語句の一つひとつを難じて注文するのは、まれだ。そうではなく、たいていは「鼻が高すぎる」と言ってくる。「この辺がわかりづらい」「抽象的だからもっと具体的に」などと、それこそ「抽象的」に注文してくる。

その注文を、いったんは聞く。聞いて、聞かない。それ以上のものを出す。

いい編集者ならば、自分の注文通りの直しがきたら、むしろ落胆するものだ。その、注文の上をいかなければならない。

自分の書いた文章だが、以下に新聞に書いた例を出す。

直しの三方よし――ライター、編集者、読者

〈読者様の声援で5年も続いたアロハシリーズ。前回、つぶらな瞳の鹿を止め刺し、ついに血を見てしまった。

読者どん引き。遠くで、引き潮の音が聞こえる。

（略）誤解が生じたかもしれないが、そもそもは「会社をクビになろうが、新聞社が倒産しようが、死ぬまでライター稼業にしがみつく」という企画だ。「ワイルド・サイドを歩け」（ルー・リード）なのだ。引き潮ぐらいじゃやめないのだ。であるからして、「そっちサイドはちょっと……」という優しき読者様は、この辺で下の《ひととき》に移ってくださいとお願いしておく。また会いましょう。〉

このあとえげつない鹿の解体作業の描写になる。これはわたしが全国紙で連載している「アロハで猟師してみました」シリーズの、ある回の書き出しだ。

最初に編集者から直し依頼が来たのは、「解体場面にショックを受ける読者もいるだろうから、なにか注意喚起の断り書きを入れたらどうか」ということだった。いかにも新聞らしい、安全策だ。

そんな馬鹿なと思ったが、編集者の言うことは聞くのである。一握の大理石の砂を、ひそかに握れ。

傍点部分〈「そっちサイドはちょっと……」〉を書き足した。《ひととき》というのは、わたしの記事の下に掲載される、読者投稿欄の名称だ。つまり、「嫌なら読むな、あっち行け、シッシ」と言っているのだ、「読者様」に向かって。

編集者の要求は、少しマイルドにしましょうという趣旨だったはずだ。その注文を、いったん、聞いた。聞いて、直した。そしたら、直す前よりも、よほどワイルドになってしまった。直したのだから、編集者も文句はもう言えない。

読者から、この一文に関しての苦情はこなかった。喝采は、来た。そういうものだ。

聞いて、聞くなとは、言い換えるなら「ストライクゾーンを広げろ」ということだ。

先に引用したミケランジェロの鼻で、文章は、次のように続く。

この像の作者は、この鼻を打ち壊してしまうのも一つの方法でありまた決してその鼻に手を加えないと言いきることも一つの方法である。しかし、どうして、この大理石の砂をもって足場を、彼が昇っていったのであろうか。（略）人類全体が、今、愚劣なのではあるまいかという怖ろしいような認識である。（略）

そして、今、この愚劣なものよりほかに、人類がなかったとしたならば、私は一握の大理石の砂をもって、足場を昇るよりほかに道がないではないか、そして、その鼻の美しさを守り、人類が、その美しい鼻を、ほんとうに自分のものだと思う日を待たなくてはならないではないか。

（前掲同書）

外に開き、内に沈む

編集者のミットをよく見て投球しなければならない。ストレートを要求されているときに、カーブを投げてはだめだ。「ストレートニュースでいきたい」と編集者が望んでいるならば、変化球を投げるべきではない。

ただし、ミットを目がけて平凡なストレートを投げているようでは、次の登板はないかもしれない。内角高め、バッターはのけぞっているのに、球の切れがあるせいで、球審が思わず「ストライク！」と判定してしまう。そんなストレート。

ストライクゾーンに投げろと編集者は言うのである。そして、そのストライクゾーンを広げるのは、投手である私たちライターの、球の切れ次第だ。球の切れが、取材であり企画であり、文章、ナラティブのことなのだ。

〈わたし〉なんて、じつにつまらない、ありきたりの、くだらない生き物だ。だからこそ、いつも外に開いているのだ。耳を開けておくのだ。

外に開いた〈わたし〉は、だから、常に変容していく。影響を受け、憑依され、感染され、変化していく。

注文は、いくらでも受けたらいい。そして、注文通りには変えない。注文の上を行く。自分の内面に深く沈み、自分を変える。新しい表現を探す。

外に開き、内に沈む。常に、すでに、未完成で終わる永遠運動。その無為徒労の積み重ねにおいてこそ、めしべは受粉し、生の果実はなる。文章に、ほんの一瞬のきらめきが、訪れる。

わたしで〈ある〉のではない。わたしに〈なる〉のだ。

第20発 時間管理・執筆環境

――いつ書くか、どこで書くか。

ホップ

書き続けるには時間を決める

文章はいつ書くか。

そんなもの、好きなときに、暇なときに書けばいいだろう――。仕事のメールやちょっとした手紙は、その通りでしょう。しかし、この本をここまで読んでいるような人は、ブログでもいいし小説でもいいんですが、もう少し長いもの、まとまったものを書きたいと思っているのではないですか。あるいは、短くても練度の高い、精密な文章を書きたいと思っているのではないでしょうか。一週間から、ときには一年以上も書き続けるような作品を。

一年以上も同じものを書き続ける。これは、つらいものです。プロの新聞記者でもしたことがある人間は少ない。ほんの一部です。どんなに長い連載も、準備期間を含めたって、二、三カ月、書き続けているだけです。

一年以上も同じものを書き続ける。あるいは、一生、なにかを書き続けることに決めた。そういう人は、「好きなとき、暇なときに書けばいい」というわけにはいきません。書く時間と書く場所を、きちんと決めていなければならないんです。

バルザックは、夜中に書くと決めていました。午前二時ごろになると、弟子をたたき起こして叱ったそうです。「きみはまだ夜に眠るという悪習を抜け出せないな。夜は文章を書く時間だ。さあ、早くコーヒーを飲んで、書き始めるんだ」。明け方まで、なぜか僧衣に身をつつみ、バルザックは弟子に口述筆記をさせたそうです。

わたしも最初、完全な夜型でした。デビュー作を出版したのは、まだ三十代前半でした。このときは新聞社の仕事を終え、夜の十二時ごろ風呂と夕飯を済ませると、明け方まで書いていました。東京の郊外に住んでいたので、原稿が難所にさしかかると、真夜中、近所にあったニンジン畑を散歩したりして。そんなことができたのも、まだ若かったからでしょう。

　ニューヨークに移って二冊目の本を書き始めてからは、ずっと朝型です。これは単純に、昼夜が忙しすぎたからです。昼には新聞社の仕事がありますし、夕方からは美術館、ギャラリーを駆け足でめぐり、夕飯をすますとミュージカルや芝居、それに続いてライブやクラブめぐりを深夜まで。見るもの聴くものがすべておもしろく、刺激的で、寝る時間がもったいないなかったんです。だから、新聞記事以外の長い書き物は、朝早くに起きてするよりほかなかった。一、二時間だけ、集中して書く。

　以来ずっと朝型です。だんだん起きる時間が早くなり、最初は朝六時起きだったのが、五時に、四時になる。仕事が終わらないいんです。ライターは、書けば書くほど、文章はうまくなる。文章がうまくなると、今度は仕事が増える。

　ライター仕事だけでも忙しいのに、五十代になると肩書も増えてきた。百姓、猟師になり、私塾の塾長にもなってしまいました。ひどいときで午前一時起きというのがあった。塾生の原稿を直したりしていると、とても終わらないいんです。作家の町田康さんにその話をしたら「そりゃ早起きちゃうで、夜更かしや」と笑われました。

創作の女神は、いる

それはともかく、時間帯はいつでもいい、都合のつく時間を、とにかく決めるんです。○時から○時まで、どこそこにいて、原稿を書くと決める。その間は、ドアを閉める。部屋に閉じこもり、たとえ一行も書けなくても、とにかく机に座って、何かを書こうとする。

なぜか。

女神に通知しているんです。

長いものを書いていると、その九割が苦しいことばかりです。でも、がまんして続けていると、ある一瞬、「なんだこれは」と自分で驚くような瞬間が訪れます。自分がいままで考えてもいなかったような、オリジナルなアイデア。それが、文字どおり、天から降りてくる。これは、プレゼントなんです。ほんとうにそうなんです。だって、自分はそんなこと考えてもいなかったんですから。

ではだれが考えてくれたのか。女神です。プレゼントは、創作のミューズがもってきてくれるのです。

創作の女神は、必ず、訪れます。忘れっぽい人間とは違い、不義理はしません。裏切らない。外れ券はありません。参加者には、全員に、必ず、例外なく、もってきてくれる。

ただし、それには条件がある。前もって女神に通知していなければならないんです。「わたしは毎日、この時間帯、この場所にいて、少しでもましなものを書こうとして、うなっています」と、創作の女神にお知らせしていなければならないんです。だから、時間帯とともに、場所も決めておかなければなりません。今日はここ、明日はあそこ、というのではいけません。女神が迷うから。わかりやすくいえば、〈習慣化〉させるということです。習慣の大切さについては、何度繰り返し強調しても、強調し過ぎということはない。

汗で書く

どこで書くか。

どこでもいいのですが、大事なことは、ドアを閉めること。部屋に閉じこもる。中にはだれも入れない。新聞も、雑誌も、入れない。ネットも切断する。世界を遮断する。猫さえ入れない。猫は仕事をすると、必ず邪魔しに来ます。

では、どこが理想的な書き部屋でしょうか。

そりゃもう、台所に決まっています。台所の小机に乗っていた食器や食材を片付け、小さなスツールに座って書く。

半分冗談で、半分本気です。なぜかというと、ものを書くなんて、たいそうなことではないんです。あってもなくてもどうでもいいことなんです。それが、表現するという行為の本質なんです。音楽でも絵画でも芝居でもダンスでも、およそ表現というものは、人間の生死に直接の関わり合いがない。その、「あってもなくてもどうでもいいもの」に命を賭ける。そこが、尊いんです。

台所で書く、つまり、生活の言葉で書いている。汗が、書いている。

ホラーの大家スティーブン・キングも、売れるまでは苦労して、トレーラーハウスの小机で書いていたといいます。いつか売れる作家になって、立派な書斎を持ちたいと願いながら、苦しい創作を続けていた。

女神はそれを、見逃さなかった。『キャリー』が大ヒットして一躍人気作家となったキングは、念願の書斎を手に入れました。立派な部屋に書棚、マホガニー製の大机に重厚な椅子。堂々たる仕事部屋です。

ここで、キングはなにをしていたか。

飲んだくれていました。

突然の成功に舞い上がり、なにを書いていいか分からない。来る日も来る日も、酒に溺れる。マホガニー製の机につっぷして、寝る。それはまるで、舵《かじ》を失った船の船長のようであったと、回顧しています。その〝船長〟を描いたのが、キングの傑作ホラー『シャイニング』です。

映画「シャイニング」で、主人公の作家を演じるジャック・ニコルソンの、震え上がるような怪演を見ましょう。「たかがもの書き風情」が、マホガニー製の大机で、文章など書くとどうなるか。他山の石とするべきです。

生活の中で書け。文章は、汗で、書け。

ステップ

「書く」と「読む」はセット――課題図書は四ジャンル

ライターにとっての「書く」は、広い意味で「読む」も含まれている。書くことと読むことは、引き手と押し手だ。水面下でボートのオールを力いっぱい漕ぎ、水面から出して空中を返翼する。つねに一体になっている。書くこととは、すなわち読むことでもある。

いつ書くかという問題は、だから、いつ読むかという問題でもある。

いつ読むか。これも書くのと同様、おのおのが決めていい。しかし「どれだけ読むか」ということには、最低ラインというものがある。わが私塾でいちばん厳しく教えるのは、ここだ。

といっても、たいそうなことではない。毎日二時間。これだけだ。しかし、例外なく、必ず。盆も正月も、彼氏彼女と別れても、親が死んでも、必ず二時間、本を開ける。

二時間にも内訳があって、一時間は、自分の好きなもの、なにを読んでもいい。ただし、半分の一時間は「課題図書」を読まなければならない。課題とは、具体的には四つのジャンルのことだ。

①日本文学
②海外文学
③社会科学あるいは自然科学
④詩集

①と②については、そのなかでも「古典」と呼ばれるものに限定する。理由は各項で後述する。なお③も、できれば古いものから順に読み始めたほうが、結局は理解が

早い。

課題① 日本文学――犬にならないために

日本文学の古典といっても、最初から源氏物語を読めといっているのではない。せいぜい明治時代の、漱石や鷗外以降、太宰や三島に至る昭和文学くらいまで、亡くなってすでに数十年経った作家を読む。

国語の教科書から漱石や鷗外ら日本文学を追放しようとする動きがある。かわりに、契約書の日本語を分かるようにしようという方針らしい。これは、支配層の立場から見れば、当然でもある。学校というのは、国家に有為で、企業に便利な人材（＝材料としての人間。いやな言葉だ）を作る〝工場〟なのだ。

そして国家は、資本の番犬である。わたしたちの味方ではない。その辺はわたしの前著『アロハで猟師、はじめました』を読んでいただきたいが、とにかく、国家や資本は、なにも表現者がほしいわけではない。労働者、そして消費者がほしいだけなのだ。低賃金で文句を言わず働いて、所得税は給与からの天引きで納税し、自ら作った商品を買い戻す消費者。国家にとって有為な人材、企業にとって便利な人材とは、そんなものだ。

それでは生きられない、生きたくないと思う人が、表現者だ。このような本を手にして、ここまで読み進めている読者は、間違いなくこちら側の人だ。そういう人が、国語教科書の逆をゆくのは、あたりまえだ。

課題②　海外文学――「愛」を知るために

海外文学の古典といっても、これも小説の始まりとされるセルバンテス、ボッカチオあたりから、ゲーテや、ディケンズ、バルザック、ドストエフスキーら十九世紀小説の爛熟《らんじゅく》期ぐらいまでの、だれでもが知っている名作でよい。

海外文学は翻訳で読むわけだから、これは、厳密には語彙や文体を学ぶというより、世界の見方、切り取り方、認知能力を学ぶのだと思っていい。

言語が異なれば、世界の認知の仕方が異なる。よく知られていることだが、「愛」という言葉も、「哲学」という語も、古来、日本にはなかった。西洋から輸入された概念だ。世界の認識の仕方だ。翻訳でもいい。世界の認知の仕方を増やすことが、ものの書きにとって必須の鍛錬であることは、ここまで読んでいればもはや言を俟《ま》たないだろう。表現とは、畢竟、世界を切り取ること、世界を認知することだ。

課題③

社会科学・自然科学——違う物差しで測るために

社会科学、自然科学の本格的な書物を読まないライターは、偽物である。法学、政治学、経済学、社会学、文化人類学に精神分析学、はては数学に物理学や生物学と、そうした学問の果実を多少なりともかじっていない文章は、骨格が弱い。土台がゆるい。足腰が弱いから、遠くまで歩けない。長い時間ももたない。すぐに腐る文章になる。たとえば、村上春樹の初期作品集を読めばすぐに分かる。軽妙で新鮮な、読みやすい文体で世に出たわけだが、少し注意すれば、マルクスはもちろん、ハイデガーやヘーゲルら、スーパーヘビー級の思想家たちと作家は格闘し、大ヒットした多くの恋愛小説群を書いているのがわかる。それを、チョコでくるんでいるだけだ（第14発）。

なぜ社会科学や自然科学なのかというと、②で述べたことと同じだ。たとえば数学は、ひとつの言語なのだ。表現形式をきわめて厳格にした言語。その言語＝数学というわば物差しを持って、世界を測っている。世界の認知の仕方を増やすことが、表現者の仕事だ。

古典の名リスト

述べたように、①、②については、古典を読まなければならない。古典とされているものには、いくつも優秀なリストがある。そのリストに載っている作品を片端から買い集めて、片端から読む。苦行に似たトレーニングだが、塾生にはそれを課している。それをしない塾生は、出入りさせない。プロである以上は最低限の筋トレだと考える。

リストは、好みのものでなんでもいい。というのは、だいたいのリストは似通ってくるものだ。漱石や鷗外、トルストイやスタンダールやトーマス・マンの作品を一つもあげていないリストなど、考えられないではないか。

ただ、「新潮文庫の100冊」などは古典のリストではない。自社製品の宣伝パンフレットなので注意しよう。おすすめのリストをあげるならば、①〜③については、柄谷行人や浅田彰ら日本のトップ知識人による『必読書150』(太田出版)が決定版だ。好評で、新版も出ている。選者の一人、渡部直己による『私学的、あまりに私学的な』(ひつじ書房)の巻末リストも有用。

②の海外文学については京都大学文学部が「西洋文学この百冊」をまとめてインターネットで公開している(巻末にURL掲載)。

わたしのもっともおすすめは、桑原武夫『文学入門』（岩波新書）の巻末リストだ。海外文学の古典五十点をあげている。たいへんバランスの取れたリスト。

課題④ 詩集──遠く羽ばたくために

④は好みでなんでもよい。万葉集や唐詩選ばかりではない。Jポップの歌詞集でも、SNS短歌でもよい。なぜ詩集を課題として読まなければならないのか。塾生によく聞かれるし、その都度、うまく答えられたことがない。

詩には〈断層〉があるから。〈飛躍〉があるから。お望みなら、デリダのように〈差延（ディファランス）〉と言っても構わない。

散文とは、つまり論理だ。A＝B、B＝C、よってA＝C。とくに数学という言語は前提条件（公理、公準）を共有すれば、そこに誤解の余地は生じない。万人が納得できる言語。数学はそうあるべきなのだが、散文でこれを連発されると、どうにも押しつけがましい。空気がよどむ。端的に、読みにくいのだ。ときには、A＝Cと、跳躍することが必要だ。空気を入れる。

詩の場合は、もう各行すべてが断層で成り立っている。イメージのジャンプがある。自分の好きな、短歌、俳句、詩、歌詞、なんでもいい、思い出して口ずさんでみるといい。かならずそこには、イメージの、概念の跳躍があるはずだ。ときをおいて読み返すと、まったく違う印象をもちさえする。段差、飛躍、差延があるからだ。

ぜいたくな時間

さて、塾生は以上四つの課題図書を、毎日十五分ずつ、必ず読む。なぜ十五分か。これ以上短くすると断片に過ぎて大きな固まりの論理、叙情を理解できなくなる。また十五分であれば、日常のすきま時間、食事や入浴やトイレ、あるいは通勤時間を利用して、いかようにも捻出できる。一日わずか十五分。しかし必ず。そうすると、かの長大なプルーストの小説『失われた時を求めて』さえ、一年で読了している。

課題図書で四種一時間。前述したように残りの一時間は、好きなものを読んでよい。ベストセラーでも漫画でも、ＢＬでもラノベでもよい。プロのライター、記者だったら、仕事上読まなければならない資料もあるだろう。それも含めて全部で二時間。それが一日の、最低の練習時間だ。

以上が塾生に教える読書法だが、これをすべてすると、毎日がたいへん忙しくなるのは承知している。しかしこの忙しさは、気持ちのいい忙しさだ。文章を読む練習、書く練習で毎日が忙しいとは、なんたるぜいたくであることか。

通勤電車は混みすぎてとても本など読めないのであれば、始発電車で行く。わたしは、あるときから人と一緒に昼飯を食べるのを、いっさいやめた。行儀は悪いが、食べながら読む。毎日、風呂で十五分。これは、ぜいたくな楽しみだ。

わたしは、そうして時間を創った。読者も自分で工夫してほしい。なにに対しても、いいわけはできる。いいわけを考えていると、短い人生は一瞬で終わる。

時間だけは、だれに対しても平等だ。そして、時間は、創るものだ。創りかたは、あなたにしか分からない。

第21発

書棚整理術

――抜き書き帳で脳内を可視化する。

ジャンプ

千冊の本は安い投資

本節からは展開編となる。展開編は、プロの世界である、プロのライターとして生きたい人のために書く。文章を書くことに一生を賭けようとまで思っていない人は、とくに実践する必要はなく、しかし読んではいけないということでもないので、怖いもの見たさで参考までに流し読みしてもらって構わない。というより、知っておいた方がいいだろう。

第20発で書いたような、「読む練習」をしていくと、いったい本は何冊買えばいいものなのか。たまってしまうものなのか。

プロなら最低千冊。


諸説あるものの、ここではいったん、そう決める。理由は後述する。

千冊は、じゅうぶん可能な目標だ。まず、本は安い買い物である。第20発で書いたような古典は、とくに安い。たいてい文庫になっている。何度も増刷され、改訳もされるので、新しいものが出ると、古い版、古い訳は百円前後で古書店に並ぶこともある。千冊買ったところで十数万円。効能に比して驚くほどの安い投資だ。

千冊は、決して横積みにしない。手前と奥と、前後二段にして置くことも禁止である。つまり、すべての本が立っていて、背表紙が見える状態でなければならない。これが最低の絶対条件だ。

背表紙が見えない本、横積みになっている本、それは本ではない。ゴミだ。

見栄えのことを言っているのではない。この節の主題である「抜き書き」と密接に関係するのだが、書棚は、自分の脳なのだ。本の一冊一冊は、脳内を回る血液である。前後二段にして背表紙が見えなかったり、横積みにして下の本を取り出しにくくなっていたり、それは血液が循環していないことを意味する。血管が詰まっている。病気になる。

なぜ電子書籍ではなく、紙の本なのか

電子書籍でいいではないかという人は、本を血液として使っていない人だ。電子書籍がだめだと言うのではない。電子書籍と紙の書籍は、別のものだと言っている。代替できるものではない。用途に応じて、両方を使うのが正しい。

電子書籍は本ではない。理由はいろいろあるが、書棚に置けないということが大きい。本は書棚に乱雑に置くものではない。自分の好みで、自分にしか分からない分類方法で、置いているはずだ。その分類方法は、年を経るごとに変わってくる。関心領域が微妙に変化する。そのたびに、本の場所を入れ替える。

本は、脳内のネットワークになっているのだ。しかも、「自分にしか分からない」配置というところが肝心だ。たとえばわたしの場合、前作の『アロハで猟師、はじめました』を執筆している最中は、狩猟の話なのであるから、それが文化人類学のレヴィ＝ストロースやモースらの著作と関連づけられるのは容易に想像がつく。そこに、大岡昇平や埴谷雄高のような戦後文学の大家の本が「くっつく」。フロイトやラカンの精神分析学と「つながる」。代数学や幾何学の本を「吸い寄せる」。くっつく。つながる。吸い寄せる。

電子書籍ではなく、「物体」としての本が有用なのは、ここだ。また、ここだけが、わたしたちが本を読み、場所ふさぎにも身近に置いておく理由だ。

脳内に血が回る。神経系統に電気が走るのである。

プロの世界の住人になるには

さて、少し脱線し、プロはなぜ千冊なのかという話である。

これは当てずっぽうではない。「知の指数関数法則」というのがある。

知的活動は、線形的にレベルが上がっていくものではない。英語の学習を思い起こせばいい。レベルは飛び飛びに上がっていく。

英単語を十個知っている人は、一個しか知らない人とほぼ同じレベルだ。しかし、百語知っている人は、「これは窓で、あれはドアです」くらいの、中学英語教科書の例文は話せる。しかし、それまでだ。百語知っている人と、五百語知っている人の違いは、それほど大きくない。

レベルが上がるのは、千語を覚えてからだ。仮定法ほか複雑な文法事項も知っている。しかし、千語知っている人は、七千語知っている人と、本質的にレベルは変わらない。七千語と言えば、日本で最難関大学の入試レベルになるだろうが、しかし両者は、「本は読めない」という意味で大差ない。

辞書を使わず、シェイクスピアやメルヴィルといった、知的な英語の本を読み通せるのは、一万語レベルから上だ。ここが、プロの世界である。英語を使って商売をする世界である。

つまり、レベル1は10のゼロ乗（ひと桁）の世界の住人だ。レベル2が10の1乗つまりふた桁。レベル3が10の2乗つまり百語以上。レベル4は10の3乗つまり千語以上。レベル5が10の4乗、一万語以上の世界。

レベルとは、住む世界のことである。プロは、レベル5に生息する住民だ。


プロのライターは最低千冊といった。10の3乗だからレベル4である。レベル5とはなにかというと、「本を使って」商売をする人だ。学者、評論家、いわゆる知識人といわれる人の書架は、一万冊を下ることはないだろう。ライターは、本が重要な仕事道具ではあるものの、「本を使って」商売をするわけではない。ということで、いちおう、レベル4に区分けしてある。

指数関数的にレベルが上がっていくのは、英語と書籍の話だけではなく、音楽や演劇や映画や、あるいはスポーツでも、あらゆる事象で納得のいく説明になっている。

これはなにを意味するかというと、最初はすぐに上達する。しかし、レベルの階段を昇るのは、上へ行くごとに、難しくなる。長い時間がかかる、上達せず、停滞しているように見える時間が長くなることを意味する。

ライターも同じである。レベルが変わらないように思える、長く苦しい時間を耐えられるか、どうか。ライターになる人／ならない人を分けるのは、そこだ。そこだけだ。

秘密のすべて、抜き書き帳

ここから本題に入る。

博覧強記の批評家、吉田健一の書棚は、わずかに百から百五十冊程度だったという。しかしその書棚は、恐ろしいくらいに精度の高い百冊であったことだろう。一万冊以上には目を通し、厳選し、買っては、捨てる。常に新陳代謝を繰り返す。自分の脳で厳選した、自分に必要な百冊に絞り上げていたことだろう。

なぜそれが可能だったのだろうか。わたしの想像は、おそらく、抜き書き帳を作っていたのではなかろうか。抜き書き帳とは、この本の中で話す、最も重要な道具である。

本は脳内のネットワークだと、先ほど書いた。自分にしか分からない配置で並べられた書架によって、別のものだと思われていた本が、くっつく。異分野がつながって、電気が走る。電気が走った磁場によって、また別のものが吸い寄せられる。

その脳内ネットワークをさらに強化するものが、抜き書き帳だ。

といっても、たいそうなものではない。きわめてアナログかつアナクロな、小さな紙の手帳である。持ち運べるように、ジャケットの内ポケットに入るくらい、長財布程度の大きさがいいのではないか。

ライターにとって、本は読みっぱなしでいいわけがない。素振りとしての読書である。本を読んで、いいまわし、語彙、文体、腑に落ちた論理、気に入ったナラティブはとにかく線を引きまくる。鉛筆でも三色ボールペンでも、なんでも構わない。わたしは、目立つうえに書くスピードが速いので、黄色のダーマトグラフを使っている。線を引きまくる。徹底的に汚す。

線を引いたなかで、ここはとくに重要だと思った箇所は、ページを折っていく。いわゆる「ドッグイヤー」だ。

そうして読み終わった本は、しばらく放っておく。頭を冷やす。一カ月もしたあと、ページを折った場所だけ開き、線を引いた箇所を再読する。相変わらず感動できる文もあるだろう。熱が冷めてしまったものもある。そもそもなぜ線を引いたのか、思い出せないところも多々ある。それでいい。時間をおいているのは、熟成し、蒸留しているからだ。夾雑物《きょうざつ》を取り除いているからだ。

しかし、熟成後も変わらず感動する文章やロジックは、ある。これを、抜き書きするのである。先に述べた、長財布程度の手帳に、書き写す。

「写メ」で撮ってはならない。スキャナーで読み込み、コンピューターにデジタルテキストとして保存するのでもない。それでは、電子書籍と同じだ。単なる、蓄積されたデータである。ストックであってフローではない。脳内を動き回らない。

脳内ネットワークとして、文章同士がくっつき、つながり、またほかの文章や思想を引き寄せるキャリアー（運び手）を創ろうとしているのである。そのためには、手を使わなければならない。時間をかけなければならない。ゆっくり読み、書かなければならない。

それが、手書きの抜き書き帳だ。

文章を書くという作業は、激しく肉体的なものだ。負荷をかけ、筋肉を壊し、しばらく休ませ、すると筋肉量が肥大するかたちで「超回復」する。筋力トレーニングに、イメージとしてはもっとも近い作業だ。そのために、「手を使う」という手間が、どうしても必須の動作になるのだ。

筆写するから、とうぜん時間はかかる。面倒だ。また、書いてもどうせ忘れてしまう。そして、即効性はない。わたしの場合は三年続けて、やっと効果が感じられるようになった。効果とは、つながりもなにもない文章が「くっつく」ことだ。現代日本の選挙の話を書いていて、チェコ大統領の回顧録や、七十年も前のアメリカの沖仲仕の日記が、つながる。電流が走る。そこから、自分だけの「転」が生まれる（第6発）。

抜き書きがもたらすもの

なにも事新しいテクニックではなく、ひとかどの作家といわれている人たちは、みな、これをしている。

デジタル技術が進んだ現代で、なぜ、このように、手間も時間もかかるアナクロニズムの権化のような抜き書きなのか。ここで多言を弄《ろう》するつもりはない。言っても分からないからだ。世の中には、「言っても分からない」ことがある。学んでいるその当座、学んでいる当の人間にも、その学びがなんの役に立つのかさっぱり分からない。

学びの本質は、むしろそこにある。

これで終わってもいいのだが、それもあんまりだからふたつだけ書く。

ひとつ。抜き書きをすると、自分が〈分かる〉。

自分のことなど、自分がいちばん良く知っているという人は、本書をここまで読んだ人の中にはもはやいないだろう。自分のことは、自分がいちばん、知らないのだ。自分はこんなことに興味を持ち、こんなことに感動し、こんな問題意識を持って生きてきた人間で、そしてこのように生きていくべき人間である。それは、学ぶことによってしか、自分の生を生きることによってしか、立ち現れない。

星の定まった者は右顧左眄《うこさべん》しない。自分が分かる者は、自分のバトルフィールド（戦場）から撤退しない。

ふたつ。抜き書きをすると、自分が〈変わる〉。

頭の中にある知のネットワークができるということは、mojoが出現するということだ。mojoとはなにか。第23発に詳述するが、自分で文章を書いているときに、「自分でないなにものか」が現れる。「なにかが降りてくる」と言い換えてもいい。それは、創作の女神が降りてきて、mojoを使ってあなたを変え、あなたの手を取り、あなたに書かせているのだ。抜き書き帳とは、〈あなたでないあなた〉への、召喚状だ。mojoの現れない文章を書くことほど、無益なこともない。自分がすでに知っていることを書いて、なにが楽しいのか。自分が驚かないことを、読者が驚くだろうか。Everything changes（万物は流転する）。自分が変わる者、変わることを恐れない者は、戦いで最後まで立っている者だ。

文章を書くということ。それは、自分のバトルフィールドで、ラスト・スタンディング・マンになるということだ。

第7章

生まれたからには生きてみる

第22発

文章、とは

――良く生きる、善く生きる、好く生きる。

ジャンプ

文は人なり

難破して、わが身は怒濤《どとう》に巻き込まれ、海岸にたたきつけられ、必死にしがみついた所は、燈台《とうだい》の窓縁である。やれ、嬉しや、たすけを求めて叫ぼうとして、窓の内を見ると、今しも燈台守《もり》の夫婦とその幼き女児とが、つつましくも仕合せな夕食の最中である。ああ、いけねえ、と思った。おれの凄惨な一声で、この団欒《だんらん》が滅茶々々になるのだ、と思ったら喉《のど》まで出かかった「助けて！」の声がほんの一瞬戸惑った。

（太宰治「一つの約束」）

ほんの一瞬である。たちまち、大波が押し寄せて、その内気な遭難者を飲み込み、沖の遠くへと連れ去った。太宰の文章は、そう続く。

「ああ、いけねえ」と一瞬、戸惑った。なぜ戸惑うのか？　馬鹿なやつ。

そう思った人間は、ものなど書かないでよろしい。

控えめ。慎み。照れ。畏《おそ》れ。

シャイネスのない人間は、ものなど書かなくていい。ツイッターにフェイスブックにインスタグラム。ノイジーな世界に、がさつな文章はもう十分、ゆきわたっている。ものを書くというのは、すでにして十分、騒々しいものなのだ。

文は人なり、という。有名なこの言葉を、犬は文章を書かないという意味で了解している人が多い。そうではない。文章とは、人そのものなのだ。その人の、性格も、感情も、知能も、来歴も性癖も趣味も、おっちょこちょいもしみったれもあんにゃもんにゃも、一切合切が出るものなのだ。いや、出てしまわなければならないものなのだ。

親しく付き合ってもらっている、ある世界的な思想家の、知性をわたしはたいへん尊敬している。よく考えると、その文章が好きなのだ。どんなに難しい思想を書いても、どこか、詩のようだ。断層がある。飛躍がある。だから、引き込まれる。なぜそんなことが可能なのか。ある夜の席で、酒に勢いを得てそう問うてしまった。「そんなの知らないよ」。そっぽを向かれた。話はそれぎりになって、話頭は別の方向に向いた。恥ずかしかった。消え入りたくなった。

しばらくしたあと、唐突に、「まあ、よく生きることだね」。思想家はそう言った。先のわたしの問いへの答えだと気づいたのは、しばらく経ったあとだった。

良く、生きる。
善く、生きる。
好く、生きる。

生活者であること。表現などより、まずもって、その日を良く生きろ。存分に生きろ。汗で書け。

善意の人であること。自らを律する道徳をもて。他者に親切であれ。いじけるな。自分を憐《あわ》れむな。表現とは、他者を憐れむためにある。

好人物であること。信じやすいお人好しであれ。騙《だま》すな。騙されていろ。しかし、目をくらますことはできない。

その正義は伝わるのか

書くことの原動力が「怒り」であることは、ある。義憤にかられて文章を書くのが、むしろジャーナリストの主戦場だ。しかし同時に覚えておかなければならない。その義憤にかられた文章を、だれに読ませたいのか、ということだ。

たとえば、ときの政権を批判する。権力を監視し、批判することは健全なジャーナリズムの任務である。だが、それは、だれに読ませたいのか。もともと政権に批判的な読者にではあるまい。政権をなんとなく支持している人、判断がつきかねている人、もしくは、確固として政権を支持している人に、その言葉は向けられているのではないのか。

原稿に、嘲《あざけ》りや、説教、一刀両断にする正義があったとき、その、ほんとうに読んでほしい想定読者は、耳をふさぐ。文章とは、メディアだ（第15発）。メディアとは、媒介のことだ。波だ。どんなに弱い波動であっても、対岸に伝わる波でなければならない。伝導しなければ、文章は文章として、意味をなしていない。

わたしたちが磨くべきは、一刀両断する正義の剣ではない。むしろ読んだ者を恥じ入らせるようなもの。相手の人間らしさ、シャイネスの彼岸に届く文章こそが、目指すべきものだ。

そのための武器が、笑いだ。ユーモアだ。

橋下徹氏が大阪市長だった時代、卒業式で君が代を斉唱しない高校教員をチェックするという事件があった。橋下氏と懇意の民間出身校長が、ほんとうに君が代を歌っているのか、式典で教師の口元をチェックして調べたという珍事まで出来《しゅったい》した。

いろいろな新聞が取り上げた。「当然だ」とするサンケイ的論調もあれば、「思想信条の自由の侵害」と糾弾するアサヒ的論調もあった。

わたし個人は、どう思ったか。どうでもいい。好きにしたらいい。

ただ、橋下氏にご注進申し上げる校長のへつらい根性は、おぞましいというより漫画的で、バルザックが描く人間喜劇のようだとは、少なくとも思った。

わたしもこの校長に取材し、大きな記事を書いた。出だしはＡＫＢ48で、彼女たちはなぜユニゾン（斉唱）で歌うのか。そもそも日本で斉唱はいつ始まったのか、軍隊で君が代は歌ったのか。大まじめに問うた。糾弾調の文章はひとつもなかった。「笑えた」という感想を、多くもらった。

およそまともとは思えない茶番に対し、まなじりを決して指弾する。それが、文章として、効果的なのかどうか、ということなのだ。

文章を書くとは、表現者になることだ。表現者とは、畢竟、おもしろい人のことだ。おもしろいことを書く人がライターだ。

「おもしろい」というのは、英語でいう〈funny〉も含まれている。笑えること。〈interesting〉もある。興味深い。考えさせられる。

日本語ではどうか。

書き、愚劣な世界を、生きる

雪のおもしろう降りたりし朝《あした》
（吉田兼好）

冬の朝、森閑と静まりかえった庭が、真っ白になっている。昨晩から降り始めた雪が積もって、白銀色に光る。庭から遠くの山まで、ひとつながりに見晴るかすようだ。冷気が胸に入り、気持ちが開ける。

目の前が広々と開けること、周囲が明るくなることを、古来、日本人は「おもしろい」と表現してきた。「おもしろし」とは、本来、そういう意味だったのだ。

いい文章を書くには、いい人にならなければならない。それは、汗で書く良き生活者であり、自らを律し他者をこそ憐れむプライドの高い善人であり、好い人、つまり好人物である。だまされやすい。お人好し。少し、抜けている。

まなじりを決するのではない。屈託がなくおおらかで、おっとりと、他を攻撃しない。つまり君子でなければならない。

ライターは、君子たるべきだ。

正気で言っている。

おもしろいことを書く人がライターなのだと書いた。もう少し正確に言うと、表現者とは、おもしろいことを、発見する人のことだ。

徒然草では「雪のおもしろう降りたりし朝」なんて書いているが、ストーブもエアコンも断熱材もない、鎌倉時代の粗末な庵《いおり》では、早朝の寒気など、震え上がるだけのものだったに違いない。雪の朝なんてだれも「おもしろい」と思っていやしない。吉田兼好が〈発見〉した、おもしろさなのだ。おもしろきこともなき世におもしろさを発見するのが、表現者であり、君子であるのだ。

天行健。君子以自強不息。（易経）

天行《てんぎょう》健なり。君子、以《もっ》て自ら強《つと》むることやまず。太陽や月、天体の星々が、毎日毎晩、あきもせずに空を経巡《へめぐ》る。まさにそのように、君子は、毎日、勉めることをやめてはいけない。

勉強がすべてだ。そして勉強とは、言葉を鍛えること。表現を鍛えること。そして、感性を鍛えることである。おもしろきことを、発見する力。それは結局、感性の鋭さなのだ。世の中を見る、視線の強さのことなのだ。

ところで、なぜおもしろいことを見つけなければならないのか。
それは、世界がおもしろくないからだ。
世界は愚劣で、人生は生きるに値しない。
そんなことは、じつはあたりまえなのだ。世界は、あなたを中心に回っているのではない。宇宙は、あなたのために生まれたのではない。

「おもしろきこともなき世をおもしろく」などという歌があるが、そもそも「おもしろきこともなき世」が、常態なのだ。

だから、人類は発見する必要があった。歌や、踊りや、ものがたりが、〈表現〉が、この世に絶えたことは、人類創世以来、一度もない。それは人間が、表現を必要とする生物だから。雪の朝の冷気のような、清潔で柔らかな、明るさというより深みのある、気持ちが開けるような、生きる空間が広がるような、そんな「おもしろさ」が、人間にはどうしても必要だったからだ。

哄笑でなくてよい。嘲笑であってはならない。がんじがらめの論理から、肉体的な危険から解放されたときに、ふと、もれるほほえみ。盧舎那仏《るしゃなぶつ》のようなアルカイックスマイル。モナリザのような微笑。

微笑は、あらゆる表現の中点である。

動物は、笑わない。

第23発

言葉、とは

――言葉は道具ではない。

ジャンプ

mojo（まじない、魔術）の秘密

Got my mojo working, but it just won't work on you
I wanna love you so bad till I don't know what to do

色男が、平凡な女の子を好きになった。ものにするのは簡単だと思っていたが、美貌も、地位も、歌も、磨いてきた恋の手練手管は、なにをしても通じない。振り向かれないほどに、欲望はいや増さる。どうしても彼女がほしい。遊びの恋ではない。死ぬほど好きになってしまった。ジプシー女を訪ねに、はるばるルイジアナまで出かけたんだ。mojo（まじない、魔術）の秘密を知っている。そう聞いたから。

古いブルースの「Got my mojo working」は、マディ・ウォーターズが歌い、カラオケにも入っている。ライターは、シカゴブルースを歌わなければいけない。

本節のテーマは、「言葉は道具ではない」である。道具でないなら、なにか。

言葉はmojoである。

人は、言葉を道具だと思っている。自分の思想や感情を表し、他者に伝える手段。だから、文章術の本を読むとたいていは自分の思想や感情、つまりゴールに行き着くためのテクニックを教える体裁をとる。

わたしがもの書きの修業を始めたのは、新聞記者としてだった。新聞で最初に習うのは、「逆三角形で書け」ということだ。だれが、いつ、どこで、なにをしたのか。それはなぜか。「５Ｗ１Ｈ」の要素を、記事の最初に出せ。逆三角形とは、そうした意味だ。

新しいニュースが入ってくれば、記事が組み変わる。記事の分量を削られる。だからあらかじめ削られるのを見越して、重要な要素は前へ。後ろは削られてもいい文章にしろ、というのだ。

ネットの文章はその逆で、ピラミッド形で書く。最初に読者の気を引いて釣り、「続きは？」と思わせ、引っ張る。「続きを読む」をクリックさせる。クリックさせるための文章。底辺がどんどん大きくなるピラミッド形。

身過ぎ世過ぎで、わたしはどちらの文章も書く。しかし、なるべくならピラミッド形も逆三角形も、わたしの周囲からは遠ざけて暮らしていたい。

三角形は、つまらない。なぜかというと、どちらの三角形も、〈答え〉が分かっているからだ。最初に書きたいこと、答えがある。それを、頭に持ってくるか（逆三角形）、結論に持ってくるか（ピラミッド形）、その違いがあるだけだ。

答えがすでにあるものを、あらためて書く意味などあるのかと思う。答えが分かっているものを考えるのは、クイズである。なぞかけ、とんちである。

フーコーという思想家は「本を書き始める前に、自分が何を書くか分かっていたら、その本を書く意味などない」と言った。最初に原稿に向かうときは、真っ暗闇の中にいる。自分の書きたいもの、進むべき方向が、分からない。

だから、女神に、自分の居場所を伝える。決まった時間に決まった場所で、自分は文章と格闘していると、創作の女神に伝えておく（第20発）。

ところで、書いている最中に頻繁に現れるのは、女神ではない。悪魔だ。

・わたしは作家ではない。偽物だ
・わたしは、ただの記者だ。会社員だ。主婦だ。フリーターだ。書く資格などない
・わたしの書くものに、なんの価値もない
・わたしの書くものは、だれも興味を持たない。読んでも、だれも喜ばない
・わたしよりも〇〇のほうがすぐれている
・わたしは、わたしがなにを書きたいのか、分からない
・わたしは、だめだ

内なる悪魔は去り、外部から力が訪れる

自分の敵は、自分だ。ライターになる人と、そうでない人との違いは、こうした悪魔に立ち向かった人か、どうかだ。内なる悪魔と戦い、いずれは現れる女神の訪問を

受け、書き上げた人だけが、ライターになる。作家になる。

だから、とくに長いものを書く場合、第一稿を書き始めて「わたしのいましている仕事には、なんの価値もない」と思っているときは、安心していい。むしろふつうだ。それが常態だ。

第一稿では、文章の良し悪しも、語彙も、スタイルも、構成も、なにも考えない。とにかく、いま、自分の頭の中にあるものを、全部はき出す。大急ぎで。夢が醒めないうちに。正気に戻ったら、無意識の奥底に沈んでいた発想は、もう再び現れてくれない。自分の頭の中にある文章の断片を、書く。書くというより、はき出す。頭蓋《ずがい》をひっくり返して、振る。自動書記法と、言いたければ言ってもいい。すぐ忘れてしまう夢を書き留めるように。ある詩人は眠っているあいだ、部屋のドアに「詩人は仕事中」という札を下げた。

書籍の第一稿であれば、わたしはいつも、最終稿の一・五倍から二倍の分量を書く。四百字詰め原稿用紙にして、四百枚から五百枚だ。

じっさいにしてみると分かるが、〈答え〉の分からないもの、なんの役に立つのか、だれが読みたいのかさっぱり分からない原稿を四、五百枚書くというのは、とても正気でなせることではない。いくぶんか狂っていないと、書けるものではない。

そうしてできあがった第一稿、「夢の残骸」は、ひどいものだ。汚い話だが、自らの吐瀉物を見ているような気がする。それを書き直す第二稿は、だから、気が滅入る作業だ。こんな馬鹿げたものをよく書いたなと、自己嫌悪に陥りながら直す。

この書き直す作業は、〈著者〉の言いたいこと、夢の中のたわごとを、常人が理解できる日本語のレベルにまで、〈翻訳〉する作業だ。とりあえず、日本語として意味が通じるレベルまで、書き直す。

わたしはいま、妙なことを書いている。〈著者〉だの〈翻訳〉だの、そもそもその原稿は、わたしが書いたものではないか。自分が書いたものを翻訳するとは、いったい、どうした意味なのか。

第二稿では、とにかく、意味が通じる文章に直していく。すると、どういうわけか、数箇所は「なかなかおもしろいことを書いているのではないか」と思えるかたまりがある。あるとしたものだ。創作の女神は、裏切ることがない。わたしたちが真剣で、嘘をつかず、たゆまず、誠実に書き続けていれば、の話だが。

第三稿で初めて紙に印刷する。紙に印刷した文字を読み、ペンで修正箇所を入れていく。第三稿において大事なのが、グルーヴ感だ（第18発）。

語彙やスタイルはひとまずおく。全体を読み通して、グルーヴが感じられるところがあるかどうか。サーフボードに乗り、大波に押されている。バイクで山道を走り、風と一体になっている。自転車で坂道を下り、ペダルをこがずに車輪が動く「フリーホイーリン」の感触。

どこにもそういうグルーヴ感がなければ、読ませる原稿にするのは無理だし、あれば、そこが肝だ。そのグルーヴ感が全体を貫くキーになる。そのグルーヴ感を生かし、逆にグルーヴの出ていない箇所を大幅に作り直していく。波、風、坂を、創る。

第三稿は全体の大きなうねり、グルーヴを出すことに専念する。ここが、文章を書く際でもっとも難しく、そして楽しいところだ。

この作業を怠ってはだめだ。本書にあるように「常套句をなくす」（第4発）、「擬態語、擬音語をのぞく」（第5発）、「省略を生かしてスピード感を出す」（第16発）といったことはもっとあと、第四稿や第五稿で生かすテクニックだ。それは「やすり」、仕上げの段階なのだ。

さきほどからグルーヴを、うねりと書き、波、風、坂と書いている。波は潮力だし、風は気圧の力、坂というのは、つまり重力だ。

これは、比喩ではない。じっさいに体で感じられる「力」なのだ。外部からくる力。文章とは、判断や感情や思想を、自分という主体が統一し、完結して表現するなにものか、と書いた（第2発）。それはその通りなのだが、グルーヴという力は、自分以外のどこかから来るとしか思えない、外部の力なのだ。言葉は道具ではない、という意味はそこだ。

mojoが働き、女神が現れる

わたしたちがなにかを考えるのは言葉によってなのだが、まだ自分の言葉になっていないもののために、言葉を探す、それが、〈考える〉ということの実態だ。

言葉を使って、言葉だけを武器に、考えぬく。その営為を、文学という。

自分の思想や感情という、確固としたものがまず在って、言葉はそれを表現するための道具だと、多くの人が思っている。そこに根本的な錯誤がある。なにかに深く心を動かされる。どう表現していいか分からなかった感情や思想、判断が、徐々に言葉を形作る。いままではだれも言葉にしていなかったことに、自分だけの言葉でかたちを与える。だがそれは、自分の外部からやってくるものなのだ。考えに考えに考え抜いて、ある閾値を超えると出てくる言葉。

サーフボードに受ける潮力。背中を押す気圧の力。フリーホイーリンする重力。それが、グルーヴの正体だ。

自分の外部から来る力で、言葉になった文章を読む。「わたしは、こんなことを考えていたのか」「わたしが抱懐《ほうかい》していたのは、こういう感情だったのか」。驚く。その驚きの瞬間のために、文章を書いている。

書いていて自分がおもしろいと思えるとき、それは自分が書いているのではない。女神が降りてきているのだ。mojoが働いているのだ。

かつてわたしが『おいしい資本主義』という本を書いているときのことだ。最終章、長い物語の最後の結論は、「世界は、どちらの方向へ向かおうが、良くも悪くもなりはしない。世界は、常に醜く、人生は生きるに値しない」というものだった。

じじつ、いまでもわたしはそう思っている。しかし、完成稿に近い三百枚ほどを読み返すと、全体を貫くグルーヴの力が、もう少し先を指し示しているように思えた。グルーヴが、この結論で終わることを拒否している。最後の一歩のところで、力を出し切っていないのではないか。

三日間、考え込んだ。

世界は変わらない。常に醜い。人生は無価値だ。人間は愚劣だ。では、なぜおまえは生きているのか。文章など書いているのか。

世界は、よくも悪くもなりはしない。それでいい。ただ、世界の、人間の、真実を見つめることはできる。黒く塗りたくること。世界も、他人も、自分も、黒く塗れ！世界が変わらないなら、自分が変わればいい。転がる石に、なってやれ。

考え抜いた末に出てきた言葉は、セリーヌの小説やローリング・ストーンズ、ボブ・ディランの曲に、導かれた言葉であった。そしてこれらを引き寄せられたのは、抜き書き帳の直接的な効用（第21発）ではあるのだが、しかしいまでも、この本の最後の数ページは、自分が書いたのだとは思っていない。

自分の書いている文章が、当の自分を追い越す。文章が、自分の思想、感情、判断を超えていく。またそうでなければ、文章など書く必要がどこにあろう。自分がなにを書くのか、分からない。なにを書けるのか、確信が持てない。底なしの不安のなか、わずかな可能性に賭けるほとんど自暴自棄のギャンブル。捨てばちなロシアンルーレットの、撃鉄を起こし、引き金を引くそのあわいに、mojoは働き始める。

いまだ言葉になっていないものを、言葉にしようと考え抜く。考え抜いた末に、言葉はまるきり別の方角から降りてくる。呼び出される。

mojoの正体とは、それだ。そしてグルーヴこそ、mojoを乗せるべき波であり、風であり、重力である。

第24発

書く、とは

――わたしは、書かなければならない。

ジャンプ

なぜ、書くのか

言葉なんかおぼえるんじゃなかった
言葉のない世界
意味が意味にならない世界に生きてたら
どんなによかったか
（略）
あなたのやさしい眼のなかにある涙

きみの沈黙の舌からおちてくる痛苦
ぼくたちの世界にもし言葉がなかったら
ぼくはただそれを眺めて立ち去るだろう
（略）
言葉なんかおぼえるんじゃなかった
日本語とほんのすこしの外国語をおぼえたおかげで
ぼくはあなたの涙のなかに立ちどまる
ぼくはきみの血のなかにたったひとりで帰ってくる

（田村隆一「帰途」）


人はなぜ、文章なんか書くのだろうか。

なぜもなにもない。明日、会議があるからだ。企画書をまとめなければならない。礼状、詫び状を書かなければならないから。高校や大学の入学試験があったから、小学校で宿題を出されたからだ……。

それがなければ、わざわざ文章など書くはずがない――。そうした人は幸いである。皮肉でも反語でもない。文章を書かないですむ人は、それに越したことはない。言葉なんか覚えるんじゃなかった。言葉なんか覚えるから、人の悲しみが分かってしまうのだから。

文章を書くという、その行為じたいは、大してカネなどもうからない。しかしわたしは、文章を、書かなければならない。会議があるのでも、試験があるのでも、カネもうけでもない。それでも、わたしは文章を書かないではいられない。そういう人だけが、ここまで読み進めてこられたのではなかろうか。

なぜ、書くのか。

わたしが新聞記者として働き始めたのは一九八七年だった。それ以前、まとまった文章など書いていない。文芸サークルにも、マスコミセミナーにも入ったことはない。高校時代は土方やビル掃除、大学時代は皿洗いのアルバイトをしていた。新聞記者になるつもりはなかった。

はじめて書いた新聞記事

新聞記者になっていちばん最初に書いた文章を、よく覚えている。川崎市の団地で男子高校生が飛び降り自殺した、というもの。いまならば新聞記事にはならない。警察も発表さえしない。記者になった初日で、まるで一大事のように自殺の現場へ急行し、写真を撮り、近所を聞き込みに回り、高校生がわが身を放り出しに昇った階段を同じように昇り、はるか下の地面をのぞき込んだ。手すりから、身を乗り出してみた。風が、吹いた。

その記事は、神奈川県版の一番下の、目立たない場所に載った。翌早朝、新聞を広げると、一面もなにも読まず、まっさきに県版を開き、自分の書いた自殺記事を読んだ。それで遺族が慰められたわけではない。高校生の自殺が減るわけでもない。なんの役にも立っていない。それどころか、わたし以外の、世界のだれも読まなかった文章ではなかろうか。

ただ、読んだ瞬間、妙な心持ちがした。昨日のことのように、いまでも思い出せる。興奮ではない。喜びでもない。達成感など、あるわけがない。

それは、自分が自分でなくなったような感覚だった。確かにあった自分のなかの一部が離脱して、外から自分を眺めているような感覚。

記事は、大事にスクラップした。いまも持っている。

見わたせば花も紅葉もなかりけり浦の苫屋《とまや》のあきの夕暮れ
（藤原定家）

肌寒い海辺、貧しい家が見える。赤や黄色に水辺を織り上げた紅葉はすでに散り、花など、どこにあろうはずもない。うら寂しくもわびしい、晩秋の夕暮れであることか。

花もない。紅葉もない。しかし「ない」と書くと、さびしく貧しい夕景に、花が咲く。紅葉が輝く。冬が来て、また春が来る。再び芽吹く。世界は、再生する。そのありさまが、眼前に広がる。たしかな予感となって、現前する。

母親の不在に、泣く幼子がいる。「お母さん……。」と泣く。泣くことにもいずれ飽き、抱いた人形を、自らが母親になりかわり、あやす。

幼子はなぜ「お母さん……。」と言葉にするのか。

言葉が、母だから。言葉によって、母が現前するから。ちなみに言うと「お母さん……。」は、立派な文章だ（第2発）。

うれしさだけのうた

父母、夫婦、子供、恋人との、離別がある。二度と会わないことがすでに分かっている別れ。どんな言葉も慰めにはならない。どんな言葉でも抵償できない。涙が頬を伝うと、その涙が凍ってしまう。

そういう、言葉では決して埋め合わせられない感情を、しかし人は、言葉にしてきた。古来、歌ってきたのだ。「なげく」とは、「ながく」の転用だ。地面を踏みならし、大声を出し、涙を流しながら、言葉を、長く、伸ばした。嘆いた。


雪のうちに春はきにけり鶯のこほれる涙いまやとくらん　（藤原高子）

言葉が、三十一文字になって和歌になり、十七文字になって俳句となる。嘆く気持ちを、十七文字でまとめる。言葉で像を結ぼうとするその頭で、もはや「嘆く」ことはできない。「悲しい」という言葉では表せない悲しさを、なにか別の言葉に結晶させようとしているそのときに、人は、同時に悲しめない。悲しさを、いったんわきに置かなければ、言葉は現前しない。

自分が、自分でなくなってしまう。確かにあった自分のなかの感情が、体を離脱して、外から自分を眺めている感覚になる。

なぜなら、自分を客観視しないと、うたにはならないから。悲しんだり、うたを作ったりと、そう一人が同時に働けるものではない。うたにするとき、悲しみの涙は、自分から遊離する。自分は泣くことができる人間だという、うれしさだけのうたになる。

うたを歌うのは、文章を書くのは、そのためだ。

だから、悲しみがやってきたら、急いでうたわなければならない。悲しみは、そう長続きしない感情だから。

あれは、おれだ

こんなことがある。

わたしは東京に生まれ育ったが、二〇一四年に故郷を捨て、いまは大分県日田市という山奥に住んでいる。九重《くじゅう》連山も近く、気分転換によく車で走る。交通量の少ない「こんな山奥の道を」というところで、小さな道路工事をしている。いまはこうした工事現場にも、女性の姿が散見されるようになった。還暦はこえているだろう、もしかしたら七十歳にもなるんじゃないかというおばあさんが、腰を曲げ、「ネコ」と呼ばれる手押し車でアスファルトの破片を運んでいる。年金だけでは、食っていけないのかも知れない。旦那さんが、体を壊したのかも知れない。難病の子供が、いるのかも知れない。知らない。その話ではない。

あれは、おれだ。

わたしは、いつもそう思う。彼、彼女は、あり得べきわたしの姿だ。わたしはいま、気晴らしに山中をドライブできるような身分ではある。文章を書いて、日々の方便《たつき》を得ている。自分にその資格があったとは思わない。すべて自分の努力で、いまの自分になれたのではない。幸運であった。偶然としか思えない力が働いた。

文章を書いて生きる人間になれたのは、自分の努力などではない。その確信が、自分の手のうちに、ありありとして、在る。

なぜ、書くのか。

わたしは、彼、彼女のために書く。いや、そうではない。彼、彼女に向かって、書く。

厳寒、酷暑の山奥で道路工事をしている、還暦を過ぎたおばあさんが、家に帰って本を読むとは思わない。わたしはそういう人たちの生活を知っている。わたし自身が、そういう家庭の出だからだ。東京の実家は、貧家であった。

肉体仕事に疲れて帰れば、せいぜい地上波テレビを見るかして、泥のように眠る。人生で読み通した本は、もしかしたら一冊もないかも知れない。

その話ではない。そういうことを言っているのではない。
なぜ、文章を書くのか。わたしは、彼、彼女に向けて書く。

わたしと世界を承認する

文章を教えている私塾の塾生から、卒業後、礼状をもらったことがある。九州地方のブロック紙の新聞記者である。彼は国境近くの離島の出で、島の中でも中心部を離れた僻村《へきそん》に生まれた。文章を書くことによって生計を立てるような人間は、周りにだれもいなかった。会社内ではいまも、コンプレックスにさいなまれるときがある。しかし、文章を書くという行為を、たんなる、日々の「お仕事」とは思えなくなった。短い一生を賭して挑む、われとわが身を〈企投〉する営みとして、書く。いまはそう思える。そのための勉強を続けている、とあった。勉強とは、この本に書いていることすべてだ。

書くことは、過去も変えられる。
自分の置かれた世界を承認できる。過去の自分を、救い出すことができる。自分の運命を、甘受する。

本を書くとき、短いもので原稿用紙三、四百枚になる。わたしは第一稿から始めて、たいてい六回、書き直す。多いときは九回書き直した。書き損じた紙が、背後にうずたかく積み上がる。

その積み上がった紙くずの山から、いつか、大きな波、うねりが感じられるようになる。その波に乗って、波に押されて、書かされる。

自分の力量では乗れないのではないか。巻き込まれて転倒し、溺れ死ぬのではないか。そういう恐怖を感じる大波もくる。台風のなかで、無謀な波乗り。

しかし、とりあえず、立つ。

波に乗れるか、乗れないか、それは分からない。考えない。ただ、立つ。

よしあしは後の岸の人にとへ　われは颶風《ぐふう》にのりて遊べり
（与謝野晶子）

ダイスをころがせ

波に乗れたのか。転倒し、溺れているのか。それさえ、書いた者には分からない。

よしあしは読者が、後世が判断することだ。ただ、自分は、立った。いや、立とうとした。そのたしかな記憶だけが、体にありありと残る。脳に刻まれる。

自分のなかに、どうしても解決できない、しかし解決しないと前に進めない問いがある。その問いに答えようと試みるのが、究極的には、〈書く〉ということの本質だ。問いが大きければ大きいほど、波は大きくなる。溺れ死ぬ蓋然《がいぜん》性が高まる。

自分として、考え抜いた。空っぽになった。いまはこれが精いっぱい。ロープが伸びきった、バネに復元力がなくなった状態。頭から逆さに振っても、土瓶のかけらも出てこない。

そこまでした実感があれば、波に乗れたのか、転倒して溺れていただけなのか、そこは、書いた当人にはどうでもよくなる。出し切った。伸びきった。いまはもう復元できないバネである。そういう実感だけが、快い虚脱感とともに、在る。そこまでして初めて、また再び、次も書きたくなる。

すべてを出し切った者にだけ、次の波が来る。「これは次回書く機会にとっておこう」としてはいけない。いま、出せ。すぐ、出せ。全部、出せ。有り金は、すべて賭けろ。自分のなかの〈なぜ〉が止まるまで、考え抜け。そうした者にだけ、次の勝負の出場通知が来る。ダイスをころがせ。

なぜ、文章など書くのか。悲しい別れがあったから。嘆く。言葉を「ながく」しなければ、生きられないからだ。悲しみが、「書けるだけの悲しみ」に、変容するからだ。

なぜ、悲しさを変容させたいのか。救われたいから。自分を救い、運命を甘受し、過去を変え、また明日も生きていかなければならないから。

なぜ、生きていかなければならないのか。自分が救われることでしか、人を救えないから。救われる者は、救う者だ。自分を愛せる者だけが、人を愛せる。

ではなぜ、愛さなければいけないか。なぜ人は、人を愛さなければならないのか。

わたしは、なぜ「あなたの涙のなかに立ちどまる」のか。「九重連山のおばあさん」とは、いったい、だれのことなのか？　それは……。

もう書いているではないか。賽《さい》は投げられた。

第25発 痕跡

——わたしは書き残す。あなたが読み解く。

ジャンプ

エクリチュールの情報

文字は、誤解を生む。ほんとうの真理は、書き言葉ではなく、話し言葉で、対面による伝達で伝えるべきだ——。古来、人間はそう考えてきた。

世界で最初の哲学者といわれる古代ギリシャのタレスは、文字を残さなかった。世界で最初の数学者ピタゴラスも、弟子はたくさんいたが、やはり書き言葉を残さなかった。ソクラテスも、書物を残していない。『ソクラテスの弁明』ほかは、弟子であるプラトンが書き言葉に起こしたものである。

十八世紀フランスの思想家ルソーも「書き言葉は偽物で、話し言葉こそが真実」だという考え方をもっていた。

これは一見すると、いまのわたしたちの考え方とは逆に思えるかも知れない。わたしたちは、話し言葉は信用ならないと考えている。口約束はあてにならない。書いて、残してくれ。「愛している」というあなたの言葉は、あてにならない。だから紙に書いて、はんこを押して、役所に提出してくれ、といわれる。

ところが、よく考えると、書き言葉というものは話し言葉に比べると、とてもやせ細った、貧弱な〝道具〟なのだ（あえてここでは言葉を道具と誤表記している）。

なにしろ、情報量が格段に少ない。「愛している」と、目を見つめながら言うのか、目が泳いで小声なのか。読み手にはその情報はわからない。アクセントも、抑揚もない。身ぶり、手ぶりもない。

対面して話す↓電話で話す↓手紙でやりとりする↓Eメールで連絡する

この順番に、情報量は少なくなる。手紙は、どんな便箋や封筒を選ぶのか。なにで書くのか、鉛筆なのか万年筆か。筆圧は、と文章内容以外の情報がある。インターネットの文章は、情報が最も少なく、表情がきわめて平板だ。

情報量が少ないままに、情報量の少なさを認識していない人間たちが、凶器となり得る言葉を振り回しているのがツイッターやSNSだ。

情報量が圧倒的に少ないというのが、書き言葉の特性なのだ。また、書き言葉（エクリチュール）は、そうでなければならない。

支配を拒否する

話し言葉（パロール）というものは、ほんとうにうるさいものだ。

わたしは九州の山奥に住んでいるので、東京へ行くときはまず、空港のある博多まで高速バスで出なければならない。この高速バスが、わたしにとって拷問なのだ。乗車して十分ぐらいは、パロール地獄にさいなまれる。

これから高速に入りますのでシートベルトの着用を……携帯電話はほかのお客様のご迷惑にならないよう……このバスは全席禁煙になっており……主な停留所の到着時刻は……なお道路事情により多少の延着もあり……。

最初に録音された女性の声で、次に運転手のマイクでと、ご丁寧に同じ内容が二回繰り返される。神経質すぎると思われるかも知れないが、この、パロールの抑圧がわたしには耐えられないのだ。ほぼ無内容の文章が繰り返され、場を占拠する。車内という狭い空間の空気を振動させる。バスに乗るとすぐにイヤホンを耳に押し込み、グレン・グールドを大きな音量で流す。ｉＰｏｄを忘れたときはほんとうの恐怖で、十分ほどは指で耳を強くふさぎ、下を向いてこらえている。

テレビから流れる音声もわたしには試練だ。知らない定食屋に入って席についたとき、テレビの音声が自分の許容できる範囲を超えているのに気づく。財布でも忘れたふりをして、あわてて店を出る。

パロールは、場を支配する。そして、権力欲から自由な人間はいない。だれでも、場を支配したいと望んでいる。生まれたばかりの子供にしてからが、「お母さん聞いて！」と声を張り上げている。パロールの第一の眼目は、注目を集めること、注視してほしいということなのだから、これは当然なのだ。

エクリチュールは、そこが本質的に違う。もちろん、書き言葉であっても、注目されたい、みんなに読んでほしい、できればベストセラーになってくれないか、そう思って書かれている。この文章も例外ではない。

ところが、エクリチュールは、相手（読者）がいないと、作動を開始しない性質のものなのだ。場を支配しない。できない。支配を拒否する。

新聞記者や雑誌記者、テレビのカメラマンらが集まる山奥のわが私塾では、深夜で酒もかなり進むと、話が青臭くなってくる。「いい文章とは、なにか？」なんて、若者に問いかけたりもする。

若者たちは「書く」という行為について、深く考えたことなどない。かろうじて「分かりやすい文章、でしょうか？」とおずおず答える。

そこでまた「『分かる』とは、いったいどういうことだ」と、わたしに追い打ちをかけられる。「わたしの言っている〈意味〉は、本質的には他者には分からない。それが言語ゲームの本質ではないのか」と、追撃される。

分かりやすい文章とはなにか。誤解を生まない文章のことか？

誤解を与えない、そのためだけに書かれた文章がある。法律である。法律とは、こうも読めるし、ああも読めるという、ぶれがあってはならない。だれが読んでも同じ判断に至る。そうでなければ、正統性が揺らぐ。

試みに、どんな法律でもよい、読んでみるといい。その条文は、文章として「分かりやすく」もないし、ましてや「いい文章」では絶対ない。とても読めたものではない代物だ。

テクスト――外はない

完璧な文章は存在しない。瑕疵《かし》のない、どこからどう解釈しても正しい、「神の御言葉」などといったものは存在しない。どんな天才的文章家が書いても、だれが書いても、文章というものは、その存在じたいが、完全とはなり得ないのだ。

書き言葉（エクリチュール）というものは、書き手が「完全だ」と思って書き終えて、そこで閉じているものではない。そこから、動いていく。さきに、「エクリチュールは、読者がいないと、作動を開始しない性質のもの」と書いた。エクリチュールは、動いていく。そして作者でさえ、書き言葉の動きを固定することはできない。

読者が文章を読むとき、作者はその場にいない。死んでいて、この世にさえいないかも知れない。それでも、書き言葉は生命を持ち得る。読者がいれば、文章は死なない。いや、死ねない。読者がいる限り、その場、その時の、意味を生じてしまう。そして、新しい読者が増えるほどに、書き言葉には新しい意味が付け加わっていく。新しい読み方、解釈、ときには創造的な誤読がなされる。いわば、テクストが太くなっていく。その書き言葉の「運動」に、書き手は異議を唱えることはできない。異議を唱える資格がない。書き言葉とは、書き手の所有物ではないのだ。書いた時点で、テクストは作者のものではなくなる。書き言葉とは、読者のものだ。

書き言葉は、書き手が「書き切る」ことが、できない性質のものなのだ。

Il n'y a pas de hors-texte.
テクスト──外はない。

（ジャック・デリダ）

テクストとは、書いた瞬間は、情報量の少ない、やせ細ったものだ。それが、時がたつにつれ、太くなっていく。読者を獲得し、意味が付与されていく。読み直しされていく。読み増しされていく。書き言葉とは、「痕跡（trace）」のことだ。読み手が、テクストに残した足跡。

けっして飽和され得ない。それこそが、書き言葉の本質なのだ。

いい文章とはなにか。分かりやすい文章などではない。すきまのある文章、飽和され得ない、読者の運動の「痕跡（trace）」が残る文章。

誤読の種を孕《はら》む文章のことだ。

なぜ文章を書くのか。

見えなかったものを、見えるようにするためだ。常套句で曇った眼鏡を外す。自分だけの目で見る。匂いを吸い込む。風の歌を聴く。それは、文章を書くという行為そのものだ。自分だけの世界を切り取る。文章とは、いままで見えていなかった世界を、切り開くことだ。

と同時に、文章とは、いままで見えていたものを見えなくすることだ。言葉を書くと、その瞬間に、世界が見えなくなる。確固とした自信をもって書いたその文章が、完璧などではあり得ない。ああとも読めるし、こうとも読める。またテクストにそうした太さがなければ、とても繰り返して読む気はしない。いい文章とは、つまるところ、再読できる文章だ。

- 文章は、見えなかったものを見えるようにすること
- 文章は、見えていたものを見えなくすること

このふたつの文章は、じつは同じことを言っている。すべては変わる。世界にとどまるものは、なにひとつ、ない。恐れることはない。変わることに、身をゆだねよ。文章を書くとは、迷路を創ることである。

おわりに

一九八七年秋――ハート・オブ・ダークネス

本書を書き終えて、三十三年も昔の話を、ふと思い出した。

文章を書くという営為に飽きたことは一日もないのだが、まるで夜の闇を歩くようで、行き詰まったことは、ある。それはわりあい早い時期にやってきて、記者一年生の秋だった。川崎市の、全員で六人しかいない支局に勤めていたときだ。

毎朝毎晩、警察署に通い、交通事故や火事の原稿を書くのに汲々《きゅうきゅう》としていた。新人記者は、警察原稿だけではなく、「街ネタ」といわれる小さなニュース――動物園で猿が赤ん坊を生んだ、変わり種のあんパンが人気だ等々――を書くのが、重要な任務でもある。わたしは、その書き方がまったく分からなかった。というより、なにが

「街」であり、なにが「ネタ」であるか、そこから分からなかったのだろう。本書の書き方では、「世界の切り取り方が分からない」ということだ。

かれこれ一カ月ぐらい、街ネタが一本も書けない。だからといって上司や先輩に怒られるわけではない。心配されるでもない。ただ自分だけ、なんとなく、意気が上がらなかった。

今日も書けなかったというある夜、仕事を終えた支局長に、「ちょっと散歩に行こうか」と誘われた。「歩けば、いいこともあるだろう」。

二人、支局の周りを、足まかせに歩いた。安っぽい飲み屋が並びパチンコ屋の音が響く商店街があり、客引きが寄ってくるソープランド街があり、娼婦の立つ薄暗い通りがあり、少し抜けると静かな住宅地もあった。

なにかを教えてくれるのではない。ただ、歩いた。時折、立ち止まり、「お、菊の品評会をしてるな。秋も深いな」だの、「この寺のいちょうは見事だよ。ぎんなん拾いに、けっこう人がくるんじゃないか?」だの、「最近のラブホテルには、みんなカメラが設置してあるんだなぁ」だのつぶやいている。

わたしに言っているのか、独り言なのか、分からない。「はあ」とだけ、力なく相づちを打ち、ついていく。

一時間以上も歩いたあと、居酒屋に入った。晩飯をごちそうしてくれた。説教はされなかった。逆に、「おまえは筆がやわらかい」と言ってくれた。社会部時代の、旧知の映画宣伝会社にもらったものだという、無料鑑賞チケットを、一枚くれた。「おれは、仕事中に映画を観るのは、さぼっているとは思わない」と言った。映画は「遠い夜明け」だった。

翌日から新聞の県版に、菊の香りや、ぎんなん泥棒の記事が、ときをおいて、小さく、載り始めたのは言うまでもない。そこからいままで一瀉千里《いっしゃせんり》、わたしは本を書けるまでになったのである、などということがあるわけない。

ただ、書けなくなったときに、どうするか、いまもだいたい同じだ。

歩くこと。見ること。なんでもいい。小さなことでいい。なにか書いてみる。生きてみることだ。

そのときの支局長、川上湛永さんに、この場を借りて感謝する。もう何十年も連絡をとっていない。ご存命なのかどうかも分からない。探してみようと思う。

新聞社の先輩、同僚からは、多くを教わった。そもそも会社なんか飛び出してフリーマーケットで勝負しろと教えてくれたのは、小島章夫さんだった。おまえの文章は変拍子だ、と。

西村隆次さんはわたしより口の悪い悪文ハンターで、テクニックより、文章とはなにかを教わった。文章とは、品格である。

山口進さんは盟友と呼ばせてもらいたい年若の友人で、作品をいくつも出してひとかどの文章家になったつもりでいた自分に、デスクとして冷や水を浴びせてくれた。文章は、完成しない。テクスト――外はない。

だいたいは大笑いしながら、ときにはわたしの罵声を浴び、文章修練をともに続けている高久潤を始めとする私塾の塾生たちにも、感謝する。

デザイナーの新井大輔さんは、まったく思いもしない方向から弾を撃ってくる方で、表紙、本文デザインの真新しさ、スタイル（流儀）には、心底驚かされた。とりわけベン・シャーンの版画集「リルケ『マルテの手記』より　一行の詩のためには…」の作品を装丁に使わせていただけたのは望外の喜びだった。関係者に感謝する。

編集Lilyこと田中里枝さんには、感謝の言葉もない。本書の企画も、構成も、「気の狂った実用書」というアイデアも、常体・敬体を書き分けるサーカス的文体も、なにもかも、田中さんの発案だ。「おれたちはプロの表現者なんだ」と私塾ではうそぶい

ていたわけだが、田中さんの編集者としてのプロフェッショナリズムには、感心する
というより放心した。ここまでするのか。まだまだ、甘かった。
書き上げたいま、また、ゼロから出直すつもりだ。

二〇二〇年秋　稲刈りと猟期の始まりを控え

近藤康太郎

出典一覧

※本書は以下文献を底本としています。（　）は初版刊行年。

＊内田百閒『冥途・旅順入城式』岩波文庫（一九九〇）

＊スティーヴン・キング『スティーヴン・キング小説作法』池央耿訳、アーティストハウス（二〇〇一）

＊アゴタ・クリストフ『文盲　アゴタ・クリストフ自伝』堀茂樹訳、白水社（二〇〇六）

＊ゴーリキイ『追憶（上）』湯浅芳子訳、岩波文庫（一九五二）

＊小林秀雄『新訂　小林秀雄全集 第八巻 無常といふ事・モオツァルト』新潮社（一九七八）

＊近藤康太郎『アロハで猟師、はじめました』河出書房新社（二〇二〇）

＊斎藤緑雨『あられ酒』岩波文庫（一九三九）

＊斉藤倫『ぼくがゆびをぱちんとならして、きみがおとなになるまえの詩集』高野文子画、福音館書店（二〇一九）

＊太宰治『太宰治全集10』（筑摩全集類聚）筑摩書房（一九七一）

＊立川談志『談志楽屋噺』文春文庫（一九九〇）

＊田村隆一『田村隆一エッセンス』青木健編、河出書房新社（一九九九）

＊アントン・チェーホフ『チェーホフ全集 6（小説1886～87）』原卓也・他訳、中央公論社（一九六〇）

＊ジャック・デリダ『根源の彼方に　グラマトロジーについて（下）』足立和浩訳、現代思潮新社（一九七二）

＊中桐雅夫『会社の人事　中桐雅夫詩集』晶文社（一九七九）

＊中井正一『中井正一全集3 現代芸術の空間』久野収編、美術出版社（一九八一）

＊夏目漱石『漱石全集　第二巻　吾輩は猫である』『漱石全集　第三巻　草枕・二百十日』『漱石全集　第八巻　門』角川書店（一九六〇、一九六一）

＊野呂邦暢『野呂邦暢小説集成2　日が沈むのを』文遊社（二〇一三）

＊チャールズ・ブコウスキー『町でいちばんの美女』青野聰訳、新潮社（一九九四）

＊モーリス・ブランショ『文学空間』粟津則雄・出口裕弘訳、現代思潮社（一九六二）

＊ジークムント・フロイト『フロイト著作集3 文化・芸術論』高橋義孝・他訳、人文書院（一九六九）

＊正岡子規『歌よみに与ふる書』岩波文庫（一九五五）

＊町田康『人生パンク道場』角川書店（二〇一六）

＊モーパッサン『新潮世界文学22』杉捷夫・他訳、新潮社（一九六九）

＊森林太郎『鷗外選集 第一巻 小説一』石川淳編、岩波書店（一九七八）

＊ジャック・ラカン『精神分析の四基本概念』ジャック＝アラン・ミレール編、小出浩之・新宮一成・鈴木國文・小川豊昭訳、岩波書店（二〇〇〇）

＊フランソワ・ラブレー『ラブレー第三之書　パンタグリュエル物語』渡辺一夫訳、岩波文庫（一九七四）

＊リルケ『マルテの手記』大山定一訳、新潮文庫（一九五三）
＊Derrida, Jacques. *De La Grammatologie*, Les Éditions De Minuit, 1967.
＊Murakami, Haruki. *Hear the Wind Sing*, Translated by Alfred Birnbaum, Kodansha English Library, 1987.

＊『ひと』「朝日新聞」朝刊
＊『男と女のわからん話』「朝日新聞」一九八八年十二月二十一日・朝刊（神奈川）
＊『「ふてえ」バイク野郎たち　米国の暴走集団ヘルズ・エンジェルズ』「朝日新聞」二〇〇二年二月八日・夕刊
＊『行った　見た　書いた「平成」の現場　記者は　ひばりになくて安室にあったもの』「朝日新聞」二〇一九年一月一日・朝刊（別刷）
＊『試写室』「朝日新聞」朝刊
＊『2007年6月30日　ジャズ喫茶　生きる証』「朝日新聞」二〇〇四年十月十七日・朝刊
＊『本よみうり堂』「読売新聞」二〇一九年十二月十五日・朝刊
＊『ルポ2020　カナリアの歌』「朝日新聞」　二〇一九年十二月二十九日・朝刊
＊『3・11　その時　そして』「朝日新聞」二〇一九年八月二十三日・朝刊（岩手）
＊『ゆの花』「西日本新聞」二〇一九年二月五日・朝刊
＊『アロハで猟師してみました（5）』「朝日新聞」　二〇一九年四月二十二日・朝刊
＊『一人称「おれおれ主義」の迫力と挫折』「朝日新聞」二〇〇五年三月五日・夕刊
＊『導入すれば解決じゃない　テレワーク導入で見えてきた新たな問題　新型ウイルス』「ＡＥＲＡ」二〇二〇年三月九日号
＊『頭がすっ飛ぶドライブ感満点バンド　ハイライズ』「ＡＥＲＡ」一九九三年八月三十一日号
＊『特派員メモ・ニューヨーク　何なんだ三角形』「朝日新聞」二〇〇一年七月二十五日・朝刊
＊『リアル「ラ・ラ・ランド」＠ロス』「朝日新聞」二〇一七年八月十四日・夕刊
＊『凄腕しごとにん　松井健治さん』「朝日新聞」　二〇一九年九月三十日・夕刊
＊『アロハで猟師してみました（4）』「朝日新聞」　二〇一九年三月二十日・朝刊

参考文献・ウェブ

＊柄谷行人、浅田彰、岡崎乾二郎、奥泉光、島田雅彦、絓秀実、渡部直己『必読書１５０』太田出版（二〇〇二）
＊桑原武夫『文学入門』岩波新書（一九五〇）
＊渡部直己『私学的、あまりに私学的な：陽気で利発な若者へおくる小説・批評・思想ガイド』ひつじ書房（二〇一〇）
＊京都大学文学部西洋文化学系編「西洋文学この百冊」（二〇一六）　https://repository.kulib.kyoto-u.ac.jp/dspace/bitstream/2433/210188/1/seiyobungaku_hyakunen.pdf

近藤康太郎
（こんどう・こうたろう）

朝日新聞編集委員・日田支局長
作家／評論家／百姓／猟師／私塾塾長

1963年、東京・渋谷生まれ。慶應義塾大学文学部卒業後、1987年、朝日新聞社入社。川崎支局、学芸部、AERA編集部、ニューヨーク支局を経て、2017年から現職。新聞紙面では、コラム「多事奏論」、地方での米作りや狩猟体験を通じて資本主義や現代社会までを考察する連載「アロハで田植えしてみました」「アロハで猟師してみました」を担当する。大分県日田市在住。社内外の記者、ライター、映像関係者に文章を教える私塾が評判を呼んでいる。

主な著書に『アロハで猟師、はじめました』『おいしい資本主義』（共に河出書房新社）、『「あらすじ」だけで人生の意味が全部わかる世界の古典13』『朝日新聞記者が書けなかったアメリカの大汚点』『朝日新聞記者が書いたアメリカ人「アホ・マヌケ」論』『アメリカが知らないアメリカ　世界帝国を動かす深奥部の力』（以上、講談社）、『リアルロック 日本語ROCK小事典』（三一書房）、『成長のない社会で、わたしたちはいかに生きていくべきなのか』（水野和夫氏との共著、徳間書店）ほかがある。

三行で撃つ〈善く、生きる〉ための文章塾

2020年12月15日　初　版
2024年10月21日　初版第10刷

著者　近藤康太郎

発行者　菅沼博道
発行所　株式会社CCCメディアハウス
〒141-8205　東京都品川区上大崎3丁目1番1号
電話　販売 049-293-9553　編集 03-5436-5735
http://books.cccmh.co.jp
装幀　新井大輔
校正　朝日新聞メディアプロダクション
校閲事業部
印刷・製本　株式会社ＫＰＳプロダクツ

ISBN978-4-484-20229-7